METODOLOGIA PARA IMPLANTAR

SISTEMAS DE COSTO

MSc. Alexis Boente

INDICE

Msc. Alexis Boentes corcho

1. SISTEMA Y CONTABILIDAD DE COSTOS

INTRODUCCION

La contabilidad de costos estudia las relaciones costo-beneficio-volumen de producción, el grado de eficiencia y productividad, y permite la planificación y el control de la producción, la toma de decisiones sobre precios, los presupuestos y la política de capital. Esta información no suele difundirse al público

La contabilidad de costos es la que utilizan las empresas en sus cálculos internos para controlar los procesos de producción y la evolución de sus costos.

La contabilidad administrativa se deriva de la llamada contabilidad de costos, que tiene como función principal proporcionar información que permita a los directores controlar las operaciones que dirigen. También puede proporcionar cualquier tipo de datos sobre todas las actividades de la empresa, *pero suele centrarse en analizar los ingresos y costos de cada actividad, la cantidad de recursos utilizados, así como la cantidad de trabajo o la amortización de la maquinaria, equipos o edificios.* La contabilidad permite obtener información periódica sobre la rentabilidad de los distintos departamentos de la empresa y la relación entre las previsiones efectuadas en el presupuesto; y puede explicar por qué se han producido desviaciones. Por ejemplo, para saber si la diferencia entre los beneficios reales y los presupuestados se debe a que han disminuido las ventas o a que han aumentado los costos, o a una combinación de los dos. Además permite realizar previsiones y estimaciones, de forma que los directivos puedan hacerse una idea de la situación de la empresa al finalizar el ejercicio si no se producen cambios en las condiciones de los mercados.

La contabilidad de costo también es esencial para poder hacer una planificación (por ejemplo, para elaborar el presupuesto) y para resolver toda una serie de problemas, como la elección del método de producción más barato. Ayuda en la toma de decisiones difíciles, como es la determinación del precio de venta, cuáles deben ser los gastos de capital o los diferentes métodos de financiación.

Cuanto mayor es una empresa más necesaria resulta la contabilidad de costos y más importante aún definir de forma adecuada el tipo de información que se quiere obtener. Es frecuente la tendencia a solicitar cada vez más información, lo que no tiene por qué ser una política acertada. Si los directivos disponen de demasiados datos pueden encontrarse en una situación en la que los árboles no les permiten ver el bosque, dedican demasiado tiempo a 'mirar los árboles' descuidando el resto de sus obligaciones, o pueden perderse en una enorme cantidad de cifras y no utilizar de modo adecuado la información, y si se dispone de demasiada hay que analizarla a un costo mayor. Además, se perderá más tiempo en su elaboración. Esto es importante, porque la utilidad de la información proporcionada por la contabilidad de costos depende de su actualidad; cuanto más tiempo transcurra, menor será el reflejo de la situación real. Si los sistemas de recogida de datos, análisis y preparación son prolongados, la utilidad de la información será menor y el riesgo de cometer errores administrativos o de gestión será mayor.

2. PREMISAS PARA LA IMPLANTACIÓN DE LA CONTABILIDAD DE COSTOS.

Para la implantación de un buen Sistema de Costos, hay que empezar por la base, en la unidad de producción para consolidar un buen sistema informativo para que sean reales, confiables y exactos, los datos que se controlan para el registro y posterior análisis de los resultados reales y estimados.

El sistema informativo debe establecerse en las áreas, organizando la base, sistematizar, establecer los métodos de trabajo a través de creación de condiciones o implantando previamente un modelaje para recoger la información, estableciendo hábitos de trabajo que hagan funcionar el sistema de costos en cada una de las áreas como, almacenes, transporte, departamentos de servicios etc.

Premisas para la Implantación de la Contabilidad de Costos:

- **2.1.** **Determinar las áreas de responsabilidad.**
- **2.2.** **Determinar el personal directo e indirecto a la producción.**
- **2.3.** **Reporte de labor diaria.**
- **2.4.** **Control del consumo de materiales por orden de trabajo.**
- **2.5.** **Devolución de materiales al almacén.**
- **2.6.** **Reporte de la producción terminada.**
- **2.7.** **Implantación de la orden de trabajo.**
- **2.8.** **Traspaso de órdenes de trabajo entre las áreas.**
- **2.9.** **Control del desperdicio para la venta.**
- **2.10.** **Adecuación del Sistema Contable y del Clasificador de Cuentas**

2.1. DETERMINAR LAS AREAS DE RESPONSABILIDAD.

Un área de responsabilidad, es un centro de actividades que desarrolla un conjunto de funciones en la división estructural de la empresa, al frente de la cual se encuentra un responsable que constituye la base informativa del Sistema de Costos.

El control eficiente de los costos exige de responsabilidades individuales o colectivas, ante los resultados del proceso productivo y los gastos que en el mismo incurren, todos ellos en comparación con los objetivos originalmente establecidos.

Para facilitar el control de los gastos las Empresas deberán precisar sus diferentes áreas de responsabilidad con la premisa básica de que su jefe pueda controlar y accionar sobre los gastos que en ella se originan y puedan responder por su comportamiento.

Las áreas de responsabilidad pueden incluir más de un centro de costo, pero debe tratarse de hacer los controles de los gastos, planes por centro de costo por existir condiciones reales para el control, análisis y exigencia.

El registro contable debe dar los resultados en la misma forma que están confeccionados los planes o presupuestos para propiciar el análisis como es la comparación de los resultados obtenidos reales, con los planes o estimaciones.

2.2. DETERMINAR EL PERSONAL DIRECTO O INDIRECTO A LA PRODUCCIÓN.

El salario en los costos o mano de obra directa es aquel que se relaciona directamente con la producción que se ejecuta e identificable en su fabricación por trabajar directamente en el producto, como los operadores que lo ejecutan o materiales que procesan.

El salario indirecto, es aquél que se paga a los que sirven de apoyo a los primeros o como auxiliares o de otro tipo en el proceso productivo, incluyéndose como salarios los pagos por estimulación y sobrecumplimientos productivos y además del salario devengado. Tanto en el salario directo como en el indirecto incluye las vacaciones acumuladas, pagos por seguridad social, e impuestos sobre los salarios

Para facilitar el control de los pagos por salarios y el conocimiento de los obreros que trabajan directamente sobre el producto o como ayudantes, debe clasificarse los trabajadores en directos e indirectos en cada área de responsabilidad para con ello lograr que las nóminas se confeccionen por separado para su contabilización, como salario directo y salario indirecto sin tener que efectuar muchas hojas de trabajo, facilitándose su contabilización ya sea manual o automatizada, simplificándose ésta operación contable.

2.3.   REPORTE DE LABOR DIARIA.

Por todas las áreas se informará diariamente por el responsable de la misma a través de un reporte, todos los trabajadores que asistieron al trabajo y en especial los que han sido considerados como directos a la producción, así como a las ordenes de trabajo o de producción "OT" en que han trabajado en el día, y cuando sea en más de una, cuantas horas dedicaron a cada "Orden".

Este dato es de significación y será usado para cargarle el salario directo a cada "OT" y el resumen quincenal, mensual que se elabora con ellos debe estar conciliado con el importe contabilizado según nóminas como salario directo.

En cada taller, centro de costo, se determinará el personal que trabajará directamente en la elaboración o prestación de servicios para confeccionar las nóminas por el total de los trabajadores, así agrupados o codificarlas de forma que se pueda contabilizar directamente como gastos directos de producción en proceso o gastos indirectos, por el concepto de salarios.

En los casos que existan controladores de la fuerza de trabajo o normas para el pago del salario, será tomado del informe que se haga previa su adecuación al sistema de costos de existir algunas diferencias, la información que se procesa a los fines de costos, o se localiza o ajustará en dependencia a su importancia.

En los casos que no existan normadores se utilizará el reporte de labor diaria para conocer el tiempo empleado en el área en cada orden de trabajo y así calcularle el salario, en base a una tarifa promedio de los trabajadores directos a la producción previamente calculada como por se expone a medida de ejemplo que hemos llamado área de responsabilidad A y B y el método para calcular el salario promedio.

AREA DE RESPONSABILIDAD "A"				AREA DE RESPONSABILIDAD "B"			
		Salario				Salario	
	Trab.	Diario	Total	Horas	Trab.	Diario	Total	Horas
	2	$ 7.20	$ 14.40	16	1	$ 6.80	$ 6.80	8
	4	9.60	38.40	32	2	13.00	26.00	16
	3	12.00	36.00	24	2	9.60	19.20	16
	1	16.00	16.00	8	1	20.40	20.40	8
Total	10	-	$ 104.80	80	6	-	$ 72.40	48
			=======	====			=====	====

Salario Promedio por hora, en el área.

Area "A" $\dfrac{104.80}{80}$ = 1.31   Area "B" $\dfrac{72.40}{48}$ = 1.50833

Diariamente de las áreas se recibirá un reporte por las horas de los trabajadores directos a la producción mientras que no se cambie su plantilla o composición del personal como los reportes siguientes de cada área "A" y "B", sólo haría falta que el reporte sea por el total del fondo de tiempo de los trabajadores directos a cada área o taller, señalándose solamente el número de la OT y las horas que se trabajó en ellas en el día.

Ejemplo: Si se trabajó en varias "OT" en el día o el total de trabajadores trabajaron en una sola "OT"

AREA "A"	
OT	Horas
48	15
49	20
52	4
62	20
Otras	5
Ausencia	16
Total	80
	===

ÁREA "B"	
OT	Horas
52	48
===	===

También puede hacerse este reporte de labor diaria en un documento que tenga todos los trabajadores y en que OT trabajarán ese día como por ejemplo el área A, conciliando con el total del fondo de tiempo y por trabajador.

Empresa _____ Centro de Costo o Area _____ _____ de _____ de 199 ___								
	Ordenes de Trabajo							
Nombre de los trabajadores	**48**	**49**	**52**	**62**		**Otra**	**Aus.**	**Total**
1	4			4				8
2		8						8
3		8						8
4		2		6				8
5	5			2		1		8
6							8	8
7			2	6				8
8	3	2		1		2		8
9	3		2	1		2		8
10							8	8
Totales	15	20	4	20		5	16	80
J' de Centro **Contabilidad**						**J' Pago**		

Como puede apreciarse, el personal que no haya asistido al trabajo se reporta, al igual que las horas en que no se trabajó en ninguna OT, por falta de materiales, energía u otras, lo que se analizarán en cada caso.

Estos reportes de labor diaria serán procesados por contabilidad de costos en hojas de trabajo por resumen por cada área que después se anotará por total en cada orden de trabajo, los que podrán hacerse sólo por el tiempo trabajado en cada "OT" y se le aplicará la tarifa de salario promedio que se ha calculado para los ejemplos "A" y "B", aunque también pudiera hacerse por cada trabajador y multiplicar las horas por el salario que devenga cada uno realmente cuando el reporte se hace por trabajador según el ejemplo del área A.

Esta anotación pudiera hacerse directamente en la ficha de costo, si no son muchas, o al dorso del propio modelo esto se evaluará operativamente, a los efectos de la conciliación de los reportes de labor diaria, una vez calculados, con la nómina del período contabilizado como salario directo a la producción.

Por lo que es importante que cada área, centro de costo o taller, según se haya determinado efectúe el reporte de labor diaria, de todos los trabajadores emplantillados como directos a la producción.

2.4. REPORTE DEL CONSUMO DE MATERIALES

Son todos aquellos que se requieren en la fabricación o prestación de un servicio y pueden ser considerados como consumo de materiales directos todos aquellos materiales consumidos en la fabricación de un producto o prestación de un servicio productivo o no siempre que se pueda identificar a la "OT" en que fue empleado o usado, pudiéndose cuantificar qué cantidad realmente fue empleada para su elaboración y pueda solicitarse por igual a los almacenes de materiales.

Tanto los responsables de áreas como los jefes de almacenes, recibirán información de todas las órdenes de trabajo "OT" numeradas y materiales directos que se necesitan para su realización entre otros datos a tener en cuenta en el proceso.

Es importante que cada responsable de área al recoger los materiales señale el número de la "OT" y que el almacén no confeccione ningún vale de salida o entregue material si no señala el número de la "OT" y concilie lo despachado o entregado con lo que se solicita por la orden de trabajo y no entregue mayor cantidad u otros materiales.

En los casos que se requiera algún material no incluido en la "OT", o un aumento a lo señalado debe estar debidamente autorizado por quien corresponda.

Todo material que se solicite que no sea para una "OT" por ser un material indirecto u otro, además de estar autorizado, debe ponerse el nombre del área de responsabilidad a que va destinado.

En resumen toda entrega de material que realice el almacén deberá señalar la "OT" y el centro de costo o área de responsabilidad que recibió el mismo.

2.5. DEVOLUCIÓN DE MATERIALES AL ALMACÉN

Los materiales extraídos para una orden de producción "OT" que sobren una vez terminada la fabricación, o por descontinuarse su elaboración u otras causas, deben ser entregados, devueltos al almacén, señalándose para que "OT" se habían extraído y así disminuir el consumo de materiales que se les había cargado.

De existir algún material sobrante que a su vez vaya a ser utilizado en la elaboración de otro producto, no será necesario hacer la entrega física al almacén, pero si hacer el modelo para su devolución para que el almacén haga al vale de salida por los mismos para ser considerados en la nueva "OT" y los deduzca de los materiales autorizados a entregar por la misma ya que los materiales devueltos a su vez son considerados como una entrada al almacén y disminuir el costo por este concepto de la orden por los que se habían extraído y cargados a la nueva orden de trabajo "OT"

2.6. REPORTE DE LA PRODUCCIÓN TERMINADA

Este es un reporte que se emplea para informar la terminación de un producto o servicio por el área de producción y reportar al almacén su entrega al mismo o a los clientes para su constancia y control de las existencias y facturación por el área de contabilidad.

En los casos que la producción sea transportada de las áreas de producción al cliente se debe igualmente hacer el reporte a los efectos del control y facturación.

Debe hacerse este reporte por todas las áreas de producción que terminen una producción o servicio, haciendo constar la calidad de la producción sirviendo como medio de control interno de la producción propia y terminación de una orden de fabricación o servicio.

2.7. IMPLANTACIÓN DE LA ORDEN DE TRABAJO

Este es un documento que es confeccionado para informar a las áreas de producción los productos a fabricar o servicios a prestar con sus especificaciones y datos que se necesitan conocer para su cumplimiento por las partes participantes en su elaboración.

Este es un procedimiento de órdenes específicas de trabajo que permite identificar un producto en proceso en el taller, así como facilita reunir los elementos del costo por cada orden separadamente y detectar las producciones que fueron eficientes o no.

Este documento es enviado al jefe de taller o de producción para iniciación de un trabajo, así como al jefe del almacén para su conocimiento y entrega de los materiales normados.

Es importante su confección ya que las áreas de producción no podrán comenzar la fabricación o prestación del servicio, si no lo ha recibido y será emitido por la Oficina Central de Producción con todos los datos que se requieren para la fabricación y control del producto en su proceso.

Se deberá llevar un registro de todas la "OT" que sirva a su vez para uso de la contabilidad de costos y habilite las fichas de costo para la anotación de los datos o afectación de los gastos reales reportados y registrados como costo con cargo a la "OT", del producto o servicio que se hace.

Pudiera enviarse una copia de la "OT" a contabilidad de costos, si se considera necesario.

2.8. TRASPASO DE ORDENES DE TRABAJO ENTRE LAS ÁREAS

Este es un documento que se utilizará para controlar las producciones que son traspasadas de un área a otra, durante su proceso productivo de forma que se pueda evidenciar las cantidades de productos entregados y recibidos y comprobar la responsabilidad del que entrega y el que recibe en los casos que se requieran.

Debe implantarse para el control de la producción, su contabilización y exigencia de responsabilidad y en los casos de disminuciones de los productos en proceso, poder detectar el centro de costo o el área donde se recibió y entregó menor cantidad.

Además de lo anterior, lo importante es que sirve de control real de la cantidad y fecha de traspaso de una producción en proceso entre las diferentes áreas de forma continua, parcial o total, sin participación de jefes superiores, del traspaso que se hace entre jefes de áreas, no necesitándose una participación sistemática física, bastando con la documental firmadas por las áreas participantes.

La orden de trabajo que recibirá el taller (Inciso 5.1.) contiene el control y firmas y fecha del traspaso de una producción en proceso entre los talleres, por lo que al dorso del modelo, en los casos que requiera se podrá detallar las cantidades y su situación por lo que pudiera emplearse como el documento que se explica, siendo para esta función además de la propia.

2.9. CONTROL DE DESPERDICIOS PARA LA VENTA

Este es un documento que se utilizará para controlar aquellos desperdicios que son vendibles y susceptibles de controlar, en los casos que sean factibles y existan las condiciones para su conservación en inventario y no tengan uso por la propia fábrica.

Se valorarán a los precios de venta y se considerarán como una disminución del costo de producción de la "OT" en que fueron obtenidos los desperdicios.

Si son valores utilizables por la propia entidad u otras deben crearse las condiciones para su control en inventario y así disminuir el costo de fabricación unitario de producción, por costo de los materiales devueltos al almacén.

Los desperdicios que se mencionan son aquellos que son controlables, vendibles o utilizables y que se han obtenido como residuos en el proceso productivo, y no desechables.

2.10. ADECUACIÓN DEL SISTEMA CONTABLE Y DEL CLASIFICADOR DE CUENTAS

Para implementar un Sistema de Costo se hace necesario, también, adecuar el Sistema de Contabilidad a los datos que se desean registrar, modificando y adaptando a estas condiciones el Plan de Cuentas de la empresa en su conjunto, dichas modificaciones las puede encontrar el usuario en el cuerpo de esta Metología, a través de los ejemplos prácticos que se exponen en la misma.

Se deben declarar las cuentas de Procesos, Costos, Gastos, Centros de Costo, Elementos y partidas de gastos, así como las áreas, que satisfagan estas necesidades.

PASOS PARA LA IMPLANTACIÓN DE UN SISTEMA DE COSTOS

Como resumen a lo expuesto en este procedimiento o guía para la implantación de un Sistema de Costos, deben seguirse entre otras cosas, principalmente en los siguientes pasos para lograr resultados positivos .

1. Designar a una persona como responsable de la adecuación del Sistema de Costos que se va a implantar para la elaboración de procedimientos, modelos y formatos necesarios etc.
2. Establecer los Centros de Costo y responsables de cada uno para el control y exigencia de responsabilidad.
3. Elaborar los planes de gastos por Centros de Costo.
4. Elaborar los cálculos de los costos estimados de las diferentes producciones, empezando por los principales productos que se hacen o servicio que se prestan.
5. Que todos los vales por consumo de materiales que expidan los almacenes, tengan señalada la orden de producción a que va asignado, así como el área de responsabilidad que solicita los materiales.
6. Que en cada centro de costo, área de responsabilidad, se hayan agrupados los trabajadores que trabajan directamente en la fabricación o prestación de servicios y los que lo hacen indirectamente .
7. Que las nóminas de pagos de salarios se confeccionen agrupados los trabajadores directos e indirectos para la confección del comprobante de nóminas en contabilidad.
8. Que el trabajador, o jefe de cada centro de costo, expida un reporte diario de los trabajadores del centro, informando las horas trabajadas y tareas realizadas en cada orden de trabajo para el cálculo del salario.
9. Que no se comience en ningún centro de costo o área de producción ninguna producción que no tenga la Orden de Trabajo "OT".
10. Que toda producción terminada sea entregada al almacén, se confeccione el modelo de reporte de producción terminada.
11. Que se devuelva al almacén los materiales no usado o sobrantes de las Ordenes de Trabajo terminadas o en proceso canceladas.
12. No comenzar el control del costo por Orden de Trabajo si no se ha garantizado previamente los controles característicos de:
13. Vales de consumo de materiales por " OT."
14. Reporte de labor diaria por " OT ".
15. Reporte de producción terminada.
16. Que se habilite una hoja de costos para el control de los gastos de todas las producciones que se realicen o servicios que se prestan.
17. Conciliar los gastos anotados en las hojas de costos con lo contabilizado en cada cuenta control y por elemento de gasto, haciendo las rectificaciones que procedan.
18. Conciliar mensualmente las Ordenes de Trabajo terminadas y en proceso en cada centro de costos y las existentes en contabilidad.

19. Determinar el costo real de la producción terminada.
20. Efectuar análisis del costo real y el estimado por cada orden de trabajo y efectuar las rectificaciones que procedan.
21. Continuar de forma permanente analizando el modelaje, los resultados de los costos reales y los estimados para perfeccionar el Sistema de Costos.

Para un correcto análisis de los Costos se debe garantizar:

<u>Primero</u> - **Implantación de un Sistema de Costos, práctico.**

<u>Segundo</u> - **Análisis de esos resultados de costos, oportunamente.**

<u>Tercero</u> - **Mejoría permanente del Sistema de Costo, implantado, basado en las necesidades y resultados obtenidos .**

Identificando una búsqueda de información de costos con el control, y el uso de los resultados en la gestión económica.

CONTROL DE LOS GASTOS:

El control de los gastos en cualquier empresa de producción de productos o servicios es un elemento fundamental para el control económico, tanto para la planificación económica como para medir y comparar los resultados en la gestión que realizan.

Para el logro de esta acción, se requiere de una voluntad y estilo de dirección que obligue a utilizar el costo como un instrumento verdadero, siendo necesario para ello que se elabore un sistema de costo propio para el registro de los gastos de acuerdo a las exigencias del sistema, aunque a veces no sea necesario llevar un sistema completo, bastaría con un sistema de costo sencillo y al mismo tiempo efectivo, de cuales deben ser los objetivos y cuanto debe costar obtenerlos, estableciendo una comparación continua de los costos.

Es conocido que el registro y control de los gastos en algunos casos, se limita a una contabilización global, por cuenta, agrupados por elementos de gastos dificultándose sus análisis para determinar el lugar y causas de los incumplimientos en su comparación con los presupuestos, planes o índices, que no satisface los requerimientos.

Pudiera existir un gasto inferior o superior a lo planificado o presupuestado, pero no es factible determinar con exactitud y rapidez el lugar o causa específica que determinó la diferencia y así poder tomar las medidas correctivas oportunamente, proporcionando un mecanismo de control adecuado y permanente.

El análisis de los costos no es nada nuevo, se han hecho múltiples esfuerzos, para su implantación con asesoramiento personal, seminarios a través de instrucciones, sistemas de costos para el logro de resultados, para su implantación, pasando por una gama de etapas hasta el nivel de órdenes específicas de producción, así como sus costos estimados, tendentes a consolidar sus resultados.

Todo este esfuerzo se ha quedado rezagado o no se hace y que es necesario reiniciar hasta su recuperación y confiabilidad y es precisamente el propósito de la presente, crear las condiciones mínimas para el control de los gastos e implantación de un Sistema de Costos, dinámico y analítico.

El Sistema de Costos no debe mirarse como una meta, ni como un objetivo, sino, como un resultado del trabajo conscientemente dirigido mediante los factores que participan con un resultado y con aplicación práctica.

Debiéndose elaborar en cada entidad siguiendo las orientaciones que contiene el presente documento, un sistema de costo adaptado a las propias condiciones y necesidades de control de los gastos por áreas, por producto principalmente etc. hasta su total implantación de un sistema que sirva para el control, medición de los resultados en la gestión económica de la entidad y el trabajo de dirección.

Para que las empresas logren implantar un Sistema de Costos, deben crear determinadas condiciones mínimas, para que los resultados sean sólidos y permanentes, dado que la contabilidad de costos tiene como finalidad el costo por producto, mediante un control adecuado de los elementos del costo y esto se logra además de una contabilidad analítica, con la creación de una base organizativa que garantice su implantación, como sería:

a) **Asignar la tarea para la adecuación e implantación del Sistema de Costos a una persona que sirva como instrumento de dirección.**

b) **Asignar la tarea al personal que se dedicará al control, registro y análisis de los gastos con los planificados, costo estimados etc. para determinar su eficiencia y aplicar sus resultados oportunos y adecuadamente.**

c) **Instrumentar períodos de análisis que hagan obligatorio su realización para la evaluación de la gestión económica administrativa a varios niveles.**

d) **Estimular los resultados, los cumplimientos en la etapa de implantación y su posterior seguimiento de explotación y utilidad.**

Con esta base organizativa, las premisas que se requieren para comenzar su implantación, son:

- ☑ **determinación de los costos estimados,**
- ☑ **establecimiento del modelaje para su control,**
- ☑ **registro y análisis**

Se puede garantizar la implantación de un Sistema de Costos, base de la calidad en la gestión empresarial, empleado en todas las fases del campo de la contabilidad de costos.

Deben registrarse los gastos uniformemente y en el momentos en que ocurren para que sean confiables y efectivos cuando se comparen con los costos normados.

La tarea de análisis de los costos, tienen tres momentos fundamentales e independientes, formando una unidad de trabajo homogénea como son:

1) **Planificación de los costos esperados para una producción prevista.**

2) **Registro de los gastos reales en que se incurren.**

3) **Cálculos de los costos unitarios reales imprescindibles, éstos últimos para su control y análisis.**

Recordando que el costo se lleva a nivel de productos.

3. DETERMINACIÓN DE LOS COSTOS

La calidad con la que se efectúen las estimaciones y planes depende en parte los resultados, como es la recopilación de datos reales e información lineal estable y confiable para que esté justificado el esfuerzo, para que los informes sean útiles y sencillos en su comprensión.

Debiéndose evaluar la complejidad o no para que el trabajo sea práctico y siempre hacer lo más conveniente y útil, que se pueda medir los resultados y que sirvan para la dirección en general desde el concepto económico, o sea que el costo contenga todos los gastos realmente que se requieren, y que las estimaciones sean exactas en cantidades y que el valor sea el reflejo real de las variaciones de los precios existentes en el mercado, siendo de significación la determinación del costo, base objetiva de los resultados que se esperan obtener con los resultados reales.

3.1. COSTO PLANIFICADO

Para la implantación de éste sistema de costo se requiere de la planificación, de la estimación previa como norma que permita su comparación con los gastos reales y la acción de controlar con cifras limitantes que provoque una vigilancia sistemática sobre las estimaciones o no para su actualización de forma que se garantice una calidad en la elaboración de los planes y estimación de los resultados.

De no existir un desglose por área de responsabilidad del Plan de Gastos, éste debe hacerse obligatoriamente por centro de costo, desglosado por elementos de gastos en especial los controlables y los variables.

3.1.1. COSTO TOTAL PLANIFICADO

Es el plan total que existe en la entidad como medida mayor del costo planificado que existirá por cada una de las cuentas de gastos por las actividades que se realizan y expectativas esperadas en el período.

Todos estos gastos estarán agrupados por elemento como son:

100	Materiales
300	Combustible
400	Energía
500	Salarios
600	Seguridad Social
700	Depreciación
800	Otros Gastos
900	Transferencias

y dentro de cada cuenta como por ejemplo:

- Costos de producción en proceso.
- Gastos indirectos de producción.
- Gastos generales y de administración.
- Gastos de operación.
- Etc.

Reflejarán las cifras de Costos existente para el año o períodos más o menos cortos, desglosándose por centros de costo y analizados por elemento de gastos, por lo que el control debe estar en función de los indicadores planificados.

3.1.2. COSTO POR AREA DE RESPONSABILIDAD

Es importante que el costo total; que el plan sea llevado hasta su desglose por área de responsabilidad a fin de que puedan ser controlados y de conocimiento por cada responsable de área, o sea por cada centro de costo.

Los planes de gastos de cada área o centro de costo de no existir conciliados con el principal, podrá elaborarse de forma operativa como norma obligatoria de control y poder servir para comparar los resultados.

En esta etapa, al menos, debe elaborarse planes de control de gastos al nivel más bajo que se pueda hacer y siempre que exista un responsable que pueda controlar los gastos y accione sobre ellos, a la vez que la administración pueda exigir en los casos de incumplimiento, sirviendo a su vez como medio de detectar el lugar de las desviaciones.

Estos planes de control de gastos por áreas de responsabilidad, centros de costo, deben estar condicionados a que el control y la contabilidad de costos registre la información en igual forma, para que la comparación pueda ser factible sin mucho análisis fuera de los sistemas establecidos, obteniéndose por rutina de trabajo, por lo que es fundamental que los costos estén normados por área o centro de costo y que la información o recogida de los datos en la documentación sea la requerida para su contabilización y cumplir con uno de los propósitos de la contabilidad de costos como es la planeación y el control.

3.2. COSTOS DIRECTOS

Son los gastos necesarios para la fabricación de un producto o prestación de un servicio que se considera como costo directo como son:

* Consumo material.
* Salarios directos.
* Otros que se puedan precisar en el costo, como:
* Servicios productivos.
* Energía.
* Dietas.
* Etc.

Es factible considerar en el costo directo en la fabricación de productos, todo aquel gasto que se pueda identificar con cargo a su fabricación, como corte de una madera, para fabricar un mueble; pulido de piso en la fabricación de un inmueble, etc. Todos estos servicios recibidos y pagados a otras entidades, son considerados como costo directo o costo primario.

El consumo material es muy importante, su control en la fabricación de un producto, pero siempre debe tenerse en cuenta su incidencia en el costo, si se fabrica un producto que apenas consume dos tornillos, pudiera considerarse como un gasto indirecto, pero si se fabrica una cantidad apreciable, debe considerarse como un costo directo, también debe considerarse la importancia de la materia prima independiente de la cantidad a consumir o su valor para considerarlo como costo directo.

En la fabricación de cualquier producto o prestación de un servicio, es importante el costo directo por que a través de su control se logra un eficiente, económico y excelente resultado.

3.3. COSTO INDIRECTO

Todos los gastos de una fábrica con excepción de los materiales y mano de obra (salarios) y servicios directos mencionados anteriormente, son considerados como costos indirecto, como son salarios del personal auxiliar, gastos de almacenaje de materia primas, custodios, electricidad, depreciación, amortización de patentes de productos, materiales auxiliares de limpiezas, servicios de mantenimiento etc.

Como puede apreciarse son todos los demás gastos después de los directos que se incurre en la fábrica y que son necesarios para garantizar la producción o el servicio que se presta, y siempre que no se pueda precisar su empleo o consumo directamente con cargo a una orden de producción.

Estos gastos indirectos forman parte del costo del producto llevándose al costo de las órdenes de trabajo por cuotas establecidas antes o después de determinar los costos reales indirectos, tomándose como base, el salario, horas máquina, cuota por producto, porcentaje del costo directo, etc. debiéndose escoger la base de distribución que más se acerque a la realidad de cada caso y en el ejemplo que ponemos más adelante, tomamos como base de cálculo el salario directo, que es el método más usado para distribuir los gastos indirectos.

Si se utiliza el método de llevar una cuota basado en los gastos indirectos reales, hay que esperar hasta el final del período para la aplicación de dichos gastos, no pudiéndose conocer el costo total real de una producción terminada al momento por faltarle este elemento del costo y es precisamente esta su desventaja, aunque si permite llevar como gastos indirectos el importe calculado por el total real.

Si se utiliza el método de llevar una cuota fija, predeterminada como gastos indirectos, no es necesario esperar al final del período para conocer el costo total de una producción terminada, pudiéndose calcular al momento por estar previamente aceptada la cuota fija a cargar como costos indirectos por la base determinada.

Ambos métodos tienen sus ventajas y desventajas, en el método de aplicar una cuota (Índice) fija requiere de un cálculo exacto para la estimación para que al final la variación con el real sea mínima y sea despreciable, siendo su ventaja la rapidez y su desventaja de que el gasto indirecto aplicado no coincida con el real.

Se puede tomar como base de cálculo, el total de salarios directos según plan, obteniéndose el índice a través de la división del total de gastos indirectos entre el salario directo.

$$\frac{\text{Gastos Indirectos s/ Plan}}{\text{Salarios Directos s/ Plan}} = \frac{\$ 320.00}{\$ 756.00} = 0.42328 \text{ Índice}$$

El índice así obtenido como en este ejemplo de $ 0.42328 se aplicará al total de gastos de salarios directos que tenga cada orden de trabajo.

Comportamiento del resultado real como un índice predeterminado obteniendo de las cifras del plan o del real del año anterior al terminar un mes, cuyo índice se manejaría con igual resultado ya sea el obtenido por el real del Plan.

Concepto	Según Plan	Resultado Real	
Salarios Directos Mensual	$ 63,000.00	$ 62,120.00	Salario directo Real
Indice Gastos Indirectos Planificado	0.42328	0.42328	
Gastos Indirectos	$ 26,666.64	$ 26,294.15	Gastos Indirectos aplicados
	========	========	

En este ejemplo sólo hemos puestos el plan para ver como el salario directo real fue inferior a lo planificado. El índice de gasto indirecto aplicado a las órdenes de trabajo por el real fue inferior; ahora bien, si los gastos indirectos contabilizados en el mes fueron menor o mayor, dará como resultado una sub o sobreaplicación como por ejemplo usándose el índice de 0.42328 y con un salario directo como gasto real de $ 62,120.00, como se detalla a continuación para cada uno de estos dos casos.

	Sobreaplicación		Subaplicación
Costo Indirecto real del mes	$ 25,895.50	ó	$ 27,050.20
Costo Indirecto aplicado a las "OT" del salario directo ($ 62 120.00 x 0.42328)	26,294.15		26,294.15
Diferencias Gastos Indirectos	$ 398.65		$ (756.05)
	========		========

Estas diferencias deben ser siempre pequeñas, no debe ser muy grandes, si no, no se debería utilizar éste método y utilizar el método de esperar al final del período y hacerse por el índice real esperando a obtener el total de los gastos indirectos para obtener el costo total del producto.

De aplicar el índice de distribución de los gastos indirectos por el real al final del mes, obtendría el resultado siguiente:

	Sobreaplicación		Subaplicación
Total de gastos indirectos real	$ 25,895.50	ó	$ 27,050.20
Gastos de salario directos real	62,120.00		62,120.00
Índice a aplicar	0.41686		0.43545
	========		========

o sea que según fue el gasto indirecto se aplicaría uno u otro índice ya que el salario directo computado como sumatoria de todas las órdenes de trabajo fue igualmente por el real de $62,120.00 y no se reflejaría diferencia entre el gasto indirecto real y el llevado por índice a las órdenes de trabajo, que de existir algunas pequeñas diferencias de centavos, se afectaría a alguna de las órdenes de trabajo o costos.

Siempre es más conveniente el cálculo de un índice planificado para gastos indirectos, pudiéndose ir ajustando, variando mensualmente hasta su ajuste adecuado de existir diferencias significativas inicialmente con los gastos reales por lo que debe precisarse la base de cálculo para que sea más efectivo.

Siempre se obtendría una mayor rapidez en los cierres mensuales de costos, que siempre son algo laboriosos.

3.4. COSTO DE PRODUCCIÓN TERMINADA

Todos los gastos que se incurren en la terminación de un servicio o fabricación de un producto tal como se ha señalado forman parte del costo de producción, así como la parte que le corresponda como gastos indirectos.

La producción terminada parcialmente se contabilizará al costo estimado y al final de la orden de trabajo se valorará las existencias y lo facturado al costo real.

Las producciones terminadas totalmente, podrán valorarse al costo real, coordinado con el responsable de contabilidad de costos; y no esperar al final del período para fijar el costo real, siempre que se precise su obtención y se controlen adecuadamente para contemplarlas al hacer el cierre.

3.4.1. COSTO HISTÓRICO

Son aquellos costos que se han obtenido dentro del período en la elaboración de un producto o prestación de un servicio y que se obtienen al final del período que se conservan para su análisis perspectivo y comparación con los resultados futuros, sirviendo como un dato de base histórica y siempre se refieren a los costos reales ya sean por productos, por áreas de responsabilidad o cuenta de gasto.

La acumulación y anotación de los resultados obtenidos en diferentes períodos o a las diferentes oportunidades que se elabora un mismo producto es lo que llamamos Costo Histórico.

Este procedimiento consiste en la anotación de los gastos de materiales utilizados, la mano de obra empleada y los gastos indirectos de fabricación que se compilan para su posterior análisis y en los casos de variaciones significativas, corregir las ineficiencias y los errores, así como los costos estimados.

Los datos de costos históricos tienen limitaciones cuando se usan para la planificación y el control de las operaciones, siendo más útiles cuando se usan para su comparación de producciones iguales en diferentes períodos, para los cuales son practicados.

3.4.2. COSTO PREDETERMINADO

Estos costos son los que se calculan con anterioridad a la fabricación de un producto o prestación de un servicio y que se confeccionan teniendo en cuenta las condiciones específicas reales de la entidad y perspectivas inmediatas de cambios futuros y concretos, es decir, basado en la realidad objetiva de cada centro.

Conocer lo que los costos deben ser para compararlos con los costos reales y obtener las desviaciones para evaluarlas y tomar la decisión que corresponda y con oportunidad.

El objetivo del costo estimado es compararlo con el costo real y en su comparación con los resultados de costo reales ajustarlos para ponerlos de acuerdo, entre otras, a las condiciones específicas del área de producción, para su perfeccionamiento ya que el costo estimado es hecho sobre la base de los conocimientos y experiencias de los que se debe gastar aproximadamente en su fabricación y estimación del precio de venta de cualquier producción.

En la comparación de ambos costos se perfeccionan uno u otro, disminuyéndose la diferencias entre la estimación y la realidad.

3.4.3. COSTOS STANDARD

El costo standard es un costo predeterminado que se calcula antes que la producción se haya ejecutado y que se hace sobre base más técnicas, en sus cálculos, siendo más exactos que los costos estimados.

El costo real no informa sobre la eficiencia de los resultados en cuanto a costo, sin embargo si se compara el resultado de los gastos de cada elemento del costo estimado con los resultados del costo real puede ser de significación en los indicadores de cantidad y calidad determinado en el costo standard que se han hecho sobre una base más investigativa de los costos históricos, normas de tiempo y calidad de las materias primas y otras que establecen un control completo sobre los factores que intervienen en su proceso y contabilidad, como un costo apropiado.

Con el costo standard no se trata sólo de reflejar eficiencia técnica, sino la eficiencia económica necesaria.

3.5. COSTO REAL

Como se ha señalado el costo real está formado por todos los gastos que se incurren en la fabricación de un producto o prestación de un servicio, clasificados en gastos directos como materiales, salarios y gastos indirectos que son anotados en la **ficha de costo** que se ha habilitado, manteniéndose analizados por elementos de gasto, tanto de la producción principal como la auxiliar, agrupados por centro de costo.

Todos estos costos son compatibilizados con los registros contables, pudiendo hacerse estas verificaciones de forma manual, mecanizada o automatizada haciéndose por cada sub-elemento de gasto y cuenta control.

Para que el costo real obtenido de una producción, sea evaluada en cuanto a su eficiencia, debe compararse con cualquier otro costo, histórico, estimado, standard o planificado.

Es imprescindible tener información de los costos reales para poder fijar los precios de venta y lograr que estos sean los más bajos, de ahí es la importancia que tiene el control que se ejerza para una eficiente información de los gastos que puedan ser en costos fijos y variables en cualquier producción que se realice.

3.5.1. COSTO FIJO

Son aquellos que no varían al nivel de producción, manteniéndose invariables, como son los gastos de depreciación, seguros, intereses por préstamos etc., sin embargo sí varían de acuerdo a su relación al nivel de producción cuando se aplican a las órdenes de trabajo por producciones, por producto, cuando ésta es mayor o menor éste importe disminuye o aumenta inversamente al nivel de producción o sea que cuando más producción, el índice de costo por orden es inferior y mayor cuando la producción es baja, aunque no varían en cuanto al total de gastos por ser fijos y gastos necesarios para mantener la capacidad productiva independiente al volumen de esta ya sea en unidades físicas o valor.

Ejemplo:	Menos producción		Más producción
Gastos indirectos fijos	$ 25,895.50	=	$ 25,895.50
Producción total	$ 61,655.00	+	$ 64,740.00
Indice	0.42	-	0.40

Obsérvese que el índice, es inferior a mayor producción realizada y el gasto total es el mismo importe, fijo.

3.5.2. COSTO VARIABLE

Son aquellos que varían según el nivel de producción, como son los materiales y salarios pagados directamente en la elaboración de un producto.

Si bien es cierto que a nivel de orden de trabajo, se mantiene un costo fijo a igual cantidad de producción, si es variable en cuanto a la cantidad de productos que elaboran, porque entre mayor sea la producción, mayor es el consumo o costos.

Producción	Costo Fijo U	Producción 100 U	Producción 150 U
Materiales	$ 25.00	$ 2,500.00	$ 3,750.00
Salarios	5.00	500.00	750.00
Totales	**$ 30.00**	**$ 3,000.00**	**$ 4,500.00**

Obsérvese el Costo Fijo Unitario como varían según el volumen de producción de 100 a 150 Unidades, esto a su vez puede variar si hay un consumo en exceso por calidad de los materiales o un salario menor por una mayor productividad o viceversa en ambos casos, o una combinación de alternativas.

3.5.3. COSTOS CONTROLABLE

Los costos controlables son todos aquellos que son susceptibles de regularse y controlarse a un nivel dado de producción y de aplicarse una acción correctiva en caso de detectarse una desviación por una autoridad administrativa, pudiéndose identificar directamente con un nivel de autoridad o colectivo de trabajadores.

Los costos controlables en la fabricación de un producto, según la norma que tenga, no podría aumentarse en su indicador unitario, sólo en el total de unidades a producir como el ejemplo que se expone en el inciso 3.5.2 Costos Variables, manteniéndose el consumo unitario por producto el cual puede ser perfectamente de control por el responsable del área, para que esto no superen lo normado

4. IMPLANTACIÓN DE LOS CENTROS DE COSTOS

Un centro de costo es una unidad de trabajo, o grupo de trabajo que ejecutan una serie de tareas o tarea que la distingue por la uniformidad con que realiza una actividad perfectamente identificable, contando con un grupo de equipos y trabajadores en un área determinada de responsabilidad en la fabricación de un producto o prestación de servicios lo que ejecuten con especialidad e idoneidad de otro tipo.

El centro de costo, es una división interna, departamental de una entidad, pudiendo ser de servicios, prorrateándose sus gastos entre los productivos que son los que incorporan valor a los materiales en su proceso de transformación.

En una entidad podrá haber tantos centros de costo productivos como de servicios se necesiten o requiera, los que se codificarán con un número para su identificación además del nombre que lo caracteriza con su función Específica.

4.1. COSTO POR AREA DE RESPONSABILIDAD

Una de las tareas más importante es la determinación de los centros de costo por unidad organizativa o área de responsabilidad.

Cada área de responsabilidad, centro de costo, en una entidad, debe tener un responsable para el control de los gastos y para la planificación, base fundamental para evaluar y mejorar los resultados para el propio control

Cada centro de costo debe tener un presupuesto de los gastos y en especial los controlables como presupuesto asignado a la misma, con el fin de medir la eficiencia administrativa según los resultados por centro de costo de las contabilizaciones, además de por ordenes de trabajo a los fines del control.

4.2. COSTO POR ORDEN ESPECÍFICA DE TRABAJO

El costo por orden de trabajo, es un procedimiento que permite procesar los costos por cada tarea, servicio o producto que se elabore de forma que se pueda obtener los gastos por cada elemento del costo para cada trabajo, u orden de producción en proceso en una fábrica o taller, permitiendo identificarse y localizarse en cualquier momento dentro del taller y en contabilidad como registro de la información que se identifica por el número que se le asigna.

Todas las producciones de trabajos a realizar, se le habilita una orden de trabajo "OT" hojas de costos que se asigna un número para su control, donde se anotarán todos los materiales extraídos del almacén con cargo a la misma, así como a los salarios directos y otros gastos que correspondan a cada orden de producción en proceso posteriormente, al terminarse esa producción se le calcularán los gastos indirectos según la base establecida.

De esta manera se obtiene un resumen de todos los gastos que afectan una producción resultando un costo total de ese producto, que de ser varios los productos, se dividiría ese costo total entre las unidades fabricadas, obteniéndose un costo unitario.

5. MODELAJE PARA EL REGISTRO DE LOS GASTOS, CONTROL DE LOS COSTOS Y ANÁLISIS DE LOS RESULTADOS.

Una vez implantado el modelaje de control y consolidado su aplicación se puede analizar la posibilidad de perfeccionar el sistema, adecuándolo cada vez a los objetivos y necesidades propias para que sea más útil el resultado económico.

A través de la documentación del sistema informativo para el registro de datos de los costos se explica el sistema de costos, que no deberá tomarse como un sistema rígido e invariable, pero si tener en cuenta cualquier cambio por la interrelación de los modelos del sistema para facilitar el análisis e interpretación en su lectura.

Cada empresa deberá adaptarlo a sus experiencias y sus características haciendo las modificaciones y cambios que requiera en cada modelo que se expone para el registro de los costos, como ampliación o disminución de los conceptos, pero sin desviarse de los principios que existen entre ellos para el control y el análisis.

Las condiciones individuales y particulares de cada empresa y tipo de producción y servicios que se procesan supeditan el formato del modelaje a utilizar.

Una vez que se ha preparado el modelaje e impreso los necesarios para llevar a la práctica el sistema de costos, es muy importante ponerlos en marcha, es necesario que todos los que tienen que ver con sus beneficios lo comprendan y estén de acuerdo, requisito imprescindible por muy excelente que sea el sistema y el modelaje a usar, para que el sistema funcione y cumpla con su objetivo.

Del diseño de los registros que componen el sistema para el control de los costos depende el éxito de la contabilidad y sus resultados que proporcione la información que se requiere, y que sea de fácil comprensión e interpretación que su diseño permita el uso máximo y uniforme por todas las partes de la información que contienen.

El modelaje que se expone, si bien completa el sistema de costo que se está explicando y contiene todo lo que se necesita para el registro, control y análisis de los resultados de costos y estimaciones que se requieren para la obtención de costos y precios de venta y su contabilización, puede ser adaptado a las condiciones específicas de cada caso, no debe considerarse como un sistema terminado, debiendo tratarse como un instrumento dinámico susceptible de cambios para su adaptación, por contener las bases generales y principios para su implantación, una vez desarrollados con las especificidades de cada empresa y que al mismos tiempo brinda la información mínima requerida para su puesta en marcha.

El sistema de Costo que se propone, está integrado por ocho elementos:

1.-   Orden de trabajo.
2.- Registro de órdenes de trabajo.
3.- Ficha de costo estimado y standard.
4.- Ficha de registro de costo real.
5.- Resumen del costo mensual por orden de trabajo.
6.- Diferencias del costo real y el estimado de la producción terminada.
7.- Análisis del costo real y el estimado por elemento de gastos.
8.- Análisis del costo real y producción por orden de trabajo.

5.1.   ORDEN DE TRABAJO

Este es un modelo que contiene información general o específica del producto que se va a fabricar o servicio a prestar pudiéndose elaborar una información más o menos detallada, que contenga todos los datos sobre las especificaciones del proceso, como utilización de la capacidad instalada materiales necesarios así como otros aspectos como tiempo de los equipos a utilizar, así como por los diferentes centros de costo que van a participar en su elaboración entre otros señalamientos que se requiera precisar, se mantiene activa hasta la culminación del proceso de elaboración.

Quedando a discreción o necesidad de la entidad o tipo de producción a realizar el documento a utilizar como Orden de Trabajo "OT" que se enviará al Área de producción y que acompañará al producto durante su elaboración al pasar de un área a otra garantizándose que las Áreas reciban un documento cada vez que vayan a comenzar una producción y siempre antes de iniciar su producción, y que pudiera ser como el que se señala al final del inciso, "Orden de Trabajo"

Lo que si es imprescindible que toda producción que se vaya a ejecutar debe hacerse por una orden de trabajo, previamente numerada para su control. Las áreas de fabricación o producción, así como las de prestaciones de servicio, no podrán hacer el trabajo, sino se recibe el documento de Orden de Trabajo, necesario para control del costo por orden específica de trabajo y habilitación de la **Ficha de Registro de Costo Real** para anotación de los gastos reales por producto e información de los datos para la anotación contable de los gastos reportados con cargo a una orden de trabajo que conformará el resultado de su costo real por ser el documento que resume toda la información que se relaciona con una producción determinada.

El área de producción debe garantizar que se cumplimente y el área de costo velar porque los datos se cumplimenten correctamente.

5.1   Orden de Trabajo

Orden de Trabajo

Empresa _____   OT No. _____

Área   _____   Fecha de Inicio _____

                                         Fecha de Término _____

Producción de _____Unidades _____ Costo Unitario _____

Destino de la Producción _____ Precio de Venta _____

Datos de la producción a realizar o servicio a prestar que se requieren

1- Materiales	UM	Cantidad Necesaria		
		Necesidad	Servida	Vale

2- Fuerza de Trabajo calificada o Directa, específica o General

3- Equipos a utilizar, horas máquinas etc.

4- Otros

5- Observaciones

Especificaciones productivas:		**Para uso en el Área**		
		Recibido por:	Fecha	Firma
Preparado por:	J' Producción			

c/c Área, almacén, costos producción, detallar al dorso situación del proceso que se transfiere.

5.2. REGISTRO DE ÓRDENES DE TRABAJO

Este es un registro de anotación y control de todas las órdenes de trabajo que están en el área de producción, o han estado, donde se registrarán por su numeración consecutiva todos los trabajos que se han procesado en el tiempo, así como otros datos de interés para su obtención rápida si se precisa de cualquier producción en proceso o terminada para que se pueda localizar en corto tiempo, sirviendo como un registro histórico de trabajo realizados terminados o en proceso.

En este modelo se llevará un control de cada orden de trabajo, las unidades producidas, precio de costo y de venta, el solicitante o destino de la producción, así como la fecha de producción y otros datos.

Este documento es de utilidad tanto al área de producción como en economía por la información que contiene de fácil acceso y de control de la actividad de costos de producción, como registro de todas las órdenes y trabajos automatizados y como registro de control histórico.

5.3. FICHA DE COSTO ESTIMADO Y STANDARD

Por cada producto ya sea, principal o auxiliar o servicio productivo que se preste, se elaborará una ficha de costo estimado o standard que contendrá todos los gastos, como materiales, salarios, y otros gastos etc. que se requieran para su elaboración, sirviendo para la confección de la Orden de Trabajo.

Igualmente servirá para el cálculo del precio de venta, una vez determinado el costo total y el porcentaje de ganancias que se quiere alcanzar, planificado o determinado por el "MFP" Ministerio de Finanzas y Precios u otras. O sea que se puede conocer por anticipado el costo de su producción y el posible precio de Venta.

Contendrá igualmente especificaciones técnicas de los materiales a utilizar y calificación de los trabajadores que deben participar y otras de acuerdo a los requerimientos de la producción para su ejecución.

Esta ficha reflejará el costo planificado para una producción determinada, especialmente el costo directo. **Emitiéndose o actualizándose cada vez que sea necesario determinar un costo estimado o standard**, teniendo en cuenta las variaciones existentes de calidad, medidas y precios de los materiales y calificación de la fuerza de trabajo cuando sea necesario, así como las características concretas del área que lo va a producir, pudiéndose dar el caso de una producción igual, tener costos diferentes, dado el lugar donde se produzca o servicio que se preste.

Este modelo una vez elaborado que puede hacerse por los trabajadores de producción o economía o entre ambos, conservándose una copia en el frente de producción y otra en economía, utilizándose por ambos en su trabajo, en el frente de:

Producción: **Para confeccionar las Órdenes de Trabajo, cálculo de precio de ventas, tipos de materias primas, personal necesario, utilización de equipos productivos, utilización de la capacidad instalada, etc.**

Economía: **Para conocer el consumo planificado de recursos, costo estimado para su comparación con el costo real, confección de los planes, cálculo de la eficiencia planificada, etc.**

Este es un documento fundamental para la implantación del Sistema de Costos, para el análisis y control de los resultados en su comparación con los estimados, sirviendo de base para el control del costo real por órdenes específica en la asignación de recursos, **debiendo hacerse por cada producto que se fabrique, haciéndose tantas fichas de costos, como alternativas existan en la fabricación de un mismo producto en la entidad.**

Las alternativas estarán dadas por la calidad de los materiales, sus medidas, precio, cantidades a producir, calificación de la fuerza de trabajo, trabajo manual, equipos a utilizar, etc.

FICHA DE COSTO ESTIMADO

Num. _____
Entidad _____
Producción para _____
Producción de _____
Insumo _____
Cantidad _____ UM _____ Precio de venta _____
Mercantil_____

Fila	Sumas	Elementos de Costo	Gastos por Áreas de Producción				Costo Total
1		Materias primas y materiales					
2		Combustibles					
3		Energía					
4							
5	1 al 4	Subtotal					
6		(-) Desperdicios, residuos					
7	5 – 6	Consumo material					
8		Salarios					
9		Otros					
10		Vacaciones					
11							
12	8 al 11	Subtotal					
13	12 x 12.5 %	Seguridad Social					
14	12 x 25 %	Impuesto sobre los Salarios					
15		Depreciación					
16		Otros					
17							
18	7+ 12 al 17	Costo Directo					
19		Gastos Indirectos					
20							
21	18 al 20	Costo Prod. Terminada.					
22		Gastos de Admón.					
23		Gastos Generales y de Ventas					
24	21 + 22 + 23	Costo Total					
25		Más % de Ganancias					
26	24 + 25	Precio de Venta Calculado					

Observaciones:

Fecha	D	M	A	D	M	A	D	M	A	D	M	A	D	M	A
Preparado				Economía			Planificación			Producción			Dirección		

5.4. FICHA DE REGISTRO DE COSTO REAL

Este modelo será confeccionado por contabilidad de costos, el que emitirá uno por cada orden de trabajo que se ha enviado a las Áreas productivas, contendrá el costo estimado analizado por elemento de gasto, unidades a producir o del servicio que se presta y otros datos de interés.

Su objetivo es controlar el costo real de la producción de cualquier producto o servicio, analizados por elemento de gastos, con todos los documentos que sirvieron de fuente para su anotación control y conciliación.

Como se apreciará en el modelo adjunto" **Ficha de Registro de Costo Real**" servirá para conocer el costo o gasto en que incurre cada centro de costo en la elaboración y costo total, así como la determinación del costo real por unidades producidas como resultado final de valoración de inventarios.

En el propio modelo se podrá anotar directamente los materiales consumidos y salarios pagados en la parte inferior, para después de terminada la producción, anotarlo en la parte superior por el total de cada concepto.

En los casos que sean muchos los vales de uno u otro tipo, se podrá usar los modelos que se detalla a continuación.

5.4.1. Control de la fuerza de trabajo.
5.4.2. Control de los materiales.
5.4.3. Control producción terminada.
5.4.4. Informe producción terminada en existencias.

5.4.1. CONTROL DE LA FUERZA DE TRABAJO

Este es un modelo que será confeccionado por contabilidad de costos el que lo habilitará a partir de los reportes de labor diaria (punto 2,3) donde anotará el tiempo o salario empleado en cada Orden de trabajo por los trabajadores del área.

El salario aquí controlado, será anotado posteriormente en el modelo " Ficha de Registro de Costo Real" y la suma total del mismo se conciliará con la Cuenta Control de Mayor por éste concepto de salarios y efectuándose las rectificaciones que procedan (Ver asientos de nómina Inciso 7.4.5)

Ejemplo de formato del modelo o información.

Control de la Fuerza de Trabajo. (Podrá anotarse horas o importes por cada OT)

Fecha	Producción de	Rpte No.	Área	Total	Número de la Orden de Trabajo							
					10	12	16					
24/10/2006	Yuca	014	05	1200.00	500.00	500.00	200.00					

5.4.2. CONTROL DE LOS MATERIALES

Este es un modelo Hoja de Trabajo será confeccionado por contabilidad de costos el que lo habilitará a partir de los vales de consumo de materiales todas las extracciones del almacén para cada Orden de Trabajo requeridos según la Orden de Trabajo o Solicitud de Materiales anotándose los importes totales del vale (inciso 2.4)

Los importes de los materiales aquí controlados serán anotados en el modelo Ficha de registro de Costo Real y la suma total del mismo se conciliará con la cuenta control del mayor por este concepto de materiales, efectuándose las rectificaciones que procedan (Ver asiento de materiales Inciso 7.4.1).

Ejemplo de formato de modelo o información.

Control de los Materiales Consumidos.

Fecha	Detalle	Vale No.	Alma cén	Im- porte Total	Número de la Orden de Trabajo							
					5	9	12	16				
12/10/06	Pienso Criollo	0152	01	200.00	50 .00	50.00	50.00					
15/10/06	Miel	0156	02	40.00				40.00				

5.4.3. CONTROL DE LA PRODUCCIÓN TERMINADA

Este modelo que será confeccionado por contabilidad de costos se habilitará a partir de los reportes de producción terminada (Inciso 2.6) anotándose todos los reportes de producción terminada hechas por los talleres de producción.

Los reportes de producción aquí controlados serán anotados en el modelo Ficha de Costo Real y la suma total del mismo se conciliará con la cuenta control del mayor por este concepto de recepciones de producción terminada en almacén de producción, efectuándose las rectificaciones que procedan (Ver asiento de producción terminada en Inciso 7.4.8)

Ejemplo de formato del modelo o información

"Control de la Producción Terminada".

| Fecha | Detalle | Rpte No. | Almacen | Area | TOTAL | | | |
					OT	U/M	Cantidad	Importe
20/10/06	Maíz	0135	03	05	145	KG	40000	500.00

5.4.4. INFORME DE PRODUCCIÓN TERMINADA EN EL MES EN EXISTENCIAS

Este es un modelo de formato del escrito que será confeccionado por el jefe del almacén de producción terminada al finalizar el mes, en el informará las existencias en unidades de aquellas producciones del mes, así como el total de cada Orden de Trabajo que fue determinada en ese período.

El objetivo de este dato es que además de servir como conciliación de toda la producción terminada que se anotará en las Fichas de Costo Real y con los registro de recepción, del total de unidades producidas servirá para fijar el costo real de la producción terminada que aún está en almacén ya que anteriormente se les había dado entrada al costo estimado y así cumplir con los Principios de Contabilidad sobre la valoración de inventarios al costo real.

Se emitirán las rectificaciones que procedan si el costo estimado fuese inferior o superior al costo real, tanto de las existencias en almacén como las entregadas o facturadas. Ver asiento del 7.4.9, 7.4.10, 7.4.11, 7.4.12 y 7.4.13.

Ejemplo de formato del modelo o información.

| Fecha | Inf. Recepción. | Producción | u/m | OT. | Almacén | PRODUCCIÓN DEL MES | | | | OBSERVACIONES |
						Cantidad	Entregados	Total	COSTO REAL	
30/10/06	224	Maíz	Kg	145	03	2500	1500	4000	450.00	

FICHA DE REGISTRO DEL COSTO REAL

NÚMERO _____
ENTIDAD_____
AREA_____
ORDEN DE TRABAJO _____
PRODUCCION DE_____
FECHA DE INICIO __/__/___
CANTIDAD _____ UM _____ PRECIO DE VENTA _____ COSTO ESTIMADO
_____   FECHA DE TÉRMINO __/__/____

Margen Utilidad

_____

Fila	Suma	Elemento de Gasto	Areas de Producción			Costo Total	Costo Estimado	Variación
1		Materias Primas y Materiales						
2		Salarios						
3		Vacaciones						
4	2 al 3	Sub - Total						
5		Seguridad Social						
6		Impuesto s/Salarios						
7								
8		Otros						
9	1+4 al 8	Costo Directo						
10		Gastos Indirectos						
11								
12	9 al 11	Costo de Producción						
13		Más: Inv. Proceso Inicial						
14		Menos: Inv. Proceso Final						
15	12 al 15	Costo Produc. Terminada				$	$	$

G a s t o s						*Producción*	*Estimado*	*Real*
Materia Primas y Materiales			Salario Directo			Costo Unitario	$	$
Fecha	Vale No.	Importe	Fecha	Reporte No.	Importe	Unidades producidas		
						En almacén		
						Entregadas		
						Observaciones		
Total		$	Total		$			
Preparado		Anotaciones	Revisado					

5.5. RESUMEN DEL COSTO MENSUAL DE LAS ORDENES DE TRABAJO

Este es un modelo mensual donde se relacionan los totales de los costos por elemento de gastos de cada una de las Fichas de Registro de Costo Real procesadas por contabilidad de costos sirviendo como documento principal de conciliación de los Registros de Contabilidad.

El modelo "Resumen Mensual por Orden de Trabajo" servirá para conciliar los gastos por cada una de las cuentas control del Mayor y su análisis por concepto, y reflejará los siguientes datos tal como aparecen en el modelo del título.

OT. - Número de la Orden de trabajo en proceso y terminadas, Ficha de Registro de Costo Real.

Detalle. - Nombre del producto procesado o servicio prestado.

Gastos Directos. - Cada columna de la número 1 a la 6 se anotará los gastos por los elementos que se señala y se conciliará con el total de gastos por esos conceptos en la cuenta control del mayor cuenta del grupo 700 Producción en Proceso, como es el total que aparece en la columna No. 7 Gastos Totales Directos.

En las columnas 8 y 9 de Gastos Indirectos y Generales se pondrá en el lugar de "I" Índice el resultado obtenido de dividir el total de los Gastos Indirectos por el total que aparece en la columna 2 "Salarios" y se obtendría "I" Índice, posteriormente se multiplicará el índice, así obtenido, o sea, "I" por el salario que tiene cada "OT" en la columna 2 , o sea, 858.00 / 1250 = 0.6864 que es "I" tal como se señala a continuación.

ORDEN DE TRABAJO	COLUMNA 2	COLUMNA 8
	Salario directo	Gastos Indirectos
		I = 0.6864
OT # 70	$ 300.00	$ 205.92
OT # 72	250.00	171.60
OT # 73	700.00	480.48
Totales	$ 1,250.00 ========	$ 858.00 =======

Esta es la forma de desglosar por Orden de trabajo "OT" los gastos indirectos cuando se ha determinado hacerlo por el costo real y tomando como base los salarios directos llevados a cada "OT"

Si el método a utilizar es un Índice precalculado, y la base sea el salario real pagado por cada "OT" bastaría con poner en el lugar de "I" el Índice y continuar el trabajo, como se ha descrito anteriormente, multiplicar el índice predeterminado por el salario que tiene cada Orden de Trabajo en la columna No. 2 obteniéndose al final los gastos indirectos aplicados.

Se ha puesto otra columna, la No. 9 por si existiera otra cifra por desglosar, aunque se existir más de una, se pudiera sumar y distribuirla según el índice, si se ha tomado la misma base de distribución.

Costo total.- En esta columna se reflejará el total como suma de las columnas 7, 8 y 9 para obtener el costo total por cada "OT"

Inventario en Proceso.- En estas columnas 11 y 12 se pondrá el inventario Inicial y Final de las órdenes procesadas, en los casos de que existieran saldos en estas partidas en proceso en las órdenes de trabajo, pudiendo ser en ambas columnas, en una de ellas o en ninguna. El inventario en proceso es solo cuando la producción o servicio no se haya terminado, pudiéndose tomar del valor según libros o a través de un inventario o conteo físico.

Las "OT" terminadas, no tendrán inventario en proceso porque solo se incluirán e informarán las totalmente terminadas.

Costo de Producción Terminada: El resultado que se obtiene al efectuar la operación de lo que aparece en la columna 10. Costo Total, sumarle el inventario en proceso inicial columna 11, y restarle el importe que aparece en la columna 12, obteniéndose al final el costo de la producción terminada, de existir una producción de un grupo de productos iguales en una orden de trabajo, bastaría con dividir ese costo total entre el total de unidades para obtener el costo unitario.

Este es un documento que completa las operaciones de la contabilidad de costos, por reflejar el costo de cada orden de trabajo analizado por elemento de gasto y su conciliación con las cuentas control del Inventario en proceso, Gastos Indirectos Aplicados o real, así como el costo real de la producción terminada en el ciclo operacional en su conjunto de la efectividad de la actividad en el registro de toda la documentación informativa de datos y su presentación individual, analizada por cada orden de trabajo.

En el modelo que resume el costo total y sus análisis por elemento de gasto por cada "OT" que concilia ese análisis con los registros de control, brindando una información completa y confiable de la eficiencia y la contabilidad de costos.

5.6. DIFERENCIA DEL COSTO REAL DE LA PRODUCCIÓN TERMINADA Y LA ESTIMADA

Este es un modelo mensual que reflejará el resultado final de todas las Ordenes de Trabajo Terminadas, el costo real de producción y el costo unitario, así como el costo estimado de la producción reportada como terminada.

La determinación del costo real de la producción terminada y su comparación con el costo estimado y su diferencia, será usado para valorar las existencias en el almacén al costo real al igual que rectificar el costo de ventas de las facturadas con un costo estimado por el real fijándose las existencias y las cuentas en proceso al costo real y no al estimado como se habían hecho.

Además de ofrecer el costo unitario de cada producto y su variación a los fines de su rectificación, saldos de las cuentas en el balance, sirve para el análisis del costo unitario, debiendo hacerse una revisión del costo estimado o los métodos de trabajo según proceda para tomar las acciones correctivas que procedan, bien sea recalculando los costos estimados o rectificando los métodos de trabajo como el control de la fuerza de trabajo o el consumo de materiales.

No obstante, su objetivo principal es la valoración de los inventarios al costo real y rectificar las estimaciones efectuadas.

En el propio modelo se ha ejemplarizado con dos ejemplos de cierre de la Ordenes de Trabajo Terminadas, así como el uso de la información recibida del almacén de la producción terminada en existencias para su valoración al costo real y así se pueda interpretar su uso a través del ejemplo que se expone.

Breve explicación del Modelo "Diferencia del Costo Real de la Producción Terminada y la Estimada para su interpretación y confección.

Costo Total del Mes.

Aquí aparecerá el Costo Total Real de las Órdenes de Trabajo y Costo Total Estimado de la producción, reportada como terminada, así como la diferencia total que se debe rectificar por contabilizaciones de más o de menos.

La Orden de Trabajo que refleje una diferencia **si es negativa, representa el importe en exceso que se valoró**, la producción y **cuando es positiva, representa que el costo real fue superior.**

La suma de todas las Ordenes de Trabajo, y su diferencia si es negativa será el importe que se debe rectificar en los inventarios en proceso como rebajado de más, y si es positiva es que se rebajó de menos, cuando se dio entrada a los almacenes la producción reportada como terminada.

Unidades producidas en el mes.

Aquí se anotará el total de unidades producidas, reportadas como producción terminada recepcionadas por el almacén, igualmente con la información recibida del almacén (Inciso 7.2) Se anotará las existencias en almacén o si han sido entregadas, facturadas, esta información se puede obtener también del submayor valorado de producción terminada que existe en Contabilidad General, por lo que ambas deben conciliarse en evitación de errores.

Costo Unitario.

Aquí se anotará el precio estimado con que se había reportado como producción, así como el precio real al costo obtenido como resultado de dividir el costo real entre el total de unidades terminadas, para conocer el costo unitario, obteniéndose una diferencia entre ambos costos, que es la base para el cálculo de las rectificaciones de las existencias y los facturado al costo real.

Diferencias Costo Real.

En éstas columnas se calculará las rectificaciones a efectuar a los productos que aún están en almacén, así como los facturados por cada una de las órdenes de producción, significando que cuando el importe está en paréntesis, es el exceso cargado a inventario o costo de ventas y cuando esté positivo son los importes llevados de menos en ambas cuentas, de inventario y costo de ventas, siempre la diferencia total será afectando el inventario en proceso, grupo 700 , si la diferencia resumen total es negativa, se debita a proceso por haberse acreditado en exceso al reportarse la producción terminada y si es positiva se acredita.

Ambos casos son contemplados en los ejemplos que se anotan en el propio modelo "Diferencia del costo real de la producción"

La importancia de este modelo es que sirve como valoración de las existencias y rectificaciones del costo de ventas a los costos reales que cumplimentan los Principios de Contabilidad Generalmente Aceptados.

Cuando la producción o las Ordenes de Trabajo corresponde a una unidad productiva, o sea, un solo producto, el modelo se simplifica en cuanto las columnas que se utilizarán, no siendo necesario las tres columnas de unidades producidas en el mes y las tres columnas de costo unitario.

Esto se debe que al final el producto está en el almacén o vendido, no siendo necesario la utilización del total, también se logra una información más rápida en cuanto si ha sido facturado o en el almacén.

Ejemplo: considerando que cada orden es un solo producto y este está en el almacén o vendido.

Análisis costo real y estimado producción terminada.

OT	Detalle	Costo Total del Mes			Diferencia Costo Real	
		Real	Estimado	Diferenci	Almacén	Vendidas
A	Juego Cuarto	$ 10.000	$ 12.500	$ (2.500)		$ (2.500)
B	Juego Sala	6.000	4.800	1.200	$ 1.200	
C	Sillón	1.000	800	200	200	
D	Sillón	1.000	1500	(500)	(500)	
E	Puerta	2.000	2000	-		
	Totales	$ 20.000	$ 21.600	$ 1.600	$ 900	$ (2.500)
		=======	=======	=======	=======	=======

Obsérvese que se simplifica el análisis de los costos reales y estimados cuando cada Orden de Trabajo contiene un solo producto, siendo importante el análisis de los modelos a implantar el formato que realmente se necesite, pero siguiendo los Principios del Sistema de Costos de este procedimiento por estar relacionados entre si los modelos .

La contabilización de éstas operaciones se detalla en los comprobantes que aparecen en el inciso 7.4 donde se expone la contabilización individual de las órdenes de trabajo que tuvieron un costo inferior (Inciso 7.4.9) y cuando el costo fue superior (Inciso 7.4.10), así cuando se contabiliza por el Resumen (Inciso 7.4.13)

5.7. ANÁLISIS DE COSTO REAL Y ESTIMADO POR ELEMENTO DE GASTOS

Este es un modelo que se confecciona de acuerdo a las necesidades de la dirección en cuanto a su periodicidad y contenido, pudiendo hacerse por el total de las órdenes de trabajo terminadas o seleccionar la de interés o aquellas que hayan tenido variaciones de significación entre el costo real y el costo estimado.

En este modelo se compara el costo real y el costo estimado por concepto de gastos por cada uno de los elementos de gastos, pudiéndose apreciar cual ha sido el concepto de gastos que incidió en la variación significativamente, sirviendo para determinar la evaluación y aplicar la acción correctiva que proceda.

Como se plantea posteriormente, éste modelo pudiera hacerse por excepción, o sea por aquellas órdenes de trabajo que tengan resultados significativos en cuanto a las diferencias del costo real y el estimado, aunque pudiera hacerse por todas y marcar las de mayor incidencia para tomarla como ejemplo para su análisis, dado que se puede conocer el comportamiento del costo por sus componentes y permite por simple inspección particularizar en cada uno de ellos la efectividad alcanzada por la Empresa.

Puede hacerse mensualmente o períodos alternos o de la forma que se plantea en el primer párrafo.

También pudiera incluirse todas las Ordenes de Trabajo Terminadas y cuadrarse o conciliarse con el costo de las "OT" dadas por terminadas en el mes o período.

	Prod.			Elemento de Gasto					Costo Direct	G.I. Prod	G.I. G.Gene	G.I. Otros	Costo Total
OT	de	Costos	Mater.	Salarios	SSocial	Impte		Otros					
		Real											
		Estimado											
		Variación											
		Real											
		Estimado											
		Variación											
		Real											
		Estimado											
		Variación											
		Real											
		Estimado											
		Variación											
		Real											
		Estimado											
		Variación											
		Real											
		Estimado											
		Variación											
		Real											
		Estimado											
		Variación											
Resumen o Totales		Real											
		Estimado											
		Variación											

Empresa _____

Análisis del Costo Real y Estimado por Elementos de Gastos

Del ___ de _____ al ____ de _____ de 199 ___

Hecho por | Económico

J' Costo | D | M | A

5.8. ANÁLISIS DEL COSTO ESTIMADO, REAL Y LA PRODUCCIÓN POR ORDEN DE TRABAJO.

Este es un modelo mensual que reflejará el costo total y estimado por cada orden de producción, así como el valor de la producción mercantil y las ganancias o pérdidas que se obtuvo en la elaboración del producto o prestación de servicio.

Igualmente se obtiene el costo por peso de producción, pudiéndose anotar cualquier dato de interés por cada producción, en observaciones.

El análisis del costo estimado con el real y la producción que representa es de significación por la objetividad de poder apreciar el resultado individual y en su conjunto por cada orden de trabajo y evaluar su eficiencia individual de cada una, las que reflejó mayor o menor costo de producción.

Este modelo reflejará las órdenes terminadas aunque la producción se encuentre en el almacén, no teniendo más conciliación que con el control consecutivo de las órdenes de trabajo, y el importe reportado como producción mercantil, u otras.

A través de su análisis se puede medir los resultados de la gestión económica y sí se ha sido eficiente en la actividad que realizan individual y en su conjunto de cada línea de producción u orden de trabajo específica, como una evaluación final de la eficiencia, eficacia económica en la gestión de producción

Empresa _____
Análisis del Costo Estimado Real y la Producción por Orden de Trabajo
Período _____

OT	Detalle	Costos			Resultados			Observaciones
		Estimad	Real	Diferenc.	Producc.	Ganancias (Pérdidas).	Costo por Peso	
		1	2	2-1	3	3-2	2/3	

6. COSTO DIARIO, SU CONTROL, INFORMACIÓN, ANÁLISIS Y CONCILIACIÓN PERIÓDICA

En el caso que se requiera conocer el costo diario que es una modalidad nueva de reciente necesidad de la Dirección para fortalecer el control, que permita a través de su conocimiento servir como índice de evaluación y posibilidades de cumplimiento de los indicadores económicos entre otros para de acuerdo con ello tomar las medidas que coadyuven en la obtención de óptimos resultados y en la fecha planificada para una producción o en un período dado.

No sólo se obtendría los niveles de gastos, también el de producción, con un control que permita obtener y ofrecer una información, que analizándola y conciliándola con los resultados acumulados se puede ir ajustando para garantizar el cumplimiento de los objetivos en el período e ir perfeccionado para que sea realmente confiable cada vez más para que su comportamiento diario se asemeje a la realidad contable acumulada.

Esta es una información de utilidad para la Dirección y en las Industrias que lo requieran, podrá aplicarse en el control y recopilación de datos para su información según se detalla.

Costo de Materiales y Salarios Directos.

Se sumarán todos los vales de salida de materiales de los almacenes, así como calcular el salario a pagar según los reportes incluyéndose y la acumulación del 9.09 vacaciones, los aportes por seguridad social y el impuesto sobre los salarios que se considerará como gasto directo diario, más los gastos indirectos calculados por el índice establecido por la base determinada, para así obtener el costo total diario.

Esta información se podrá controlar en un modelo que tenga este formato:

Control del Costo y Producción Diaria.

Mes de _____ de 199 __

Día Acumulado	Materiales	Salario	S. Social Impuesto	Otros Gastos	Costo Directo	Gastos Indir.	Costo Total	Producción	Variación
1									
2									
Acumulado									
3									
Acumulado									
4									

En este control se le irá anotando diariamente las informaciones de gastos y la producción se hacer por cada centro de costo o por el total de la entidad o ambos controles de acuerdo al nivel de dirección a que va dirigido.

Los gastos por cada uno de los conceptos se anotará diariamente y el acumulado hasta el día que se informa hasta el final de mes, en que se conciliará con los controles reales para comprobar la eficiencia en los datos informativos, sirviendo como un control operativo

Si al cabo de varios días de control se detectara un error en la información ofrecida, se informará la del día correctamente y en el acumulado de ese día se ajustará la cifra con una nota en la parte inferior del modelo que podría decir "El día X se ajustó el consumo de ... Del reporte de producción por ...". O del consumo de ...

Este es un control que se ha utilizado para controlar la producción, pero que es aplicable al costo sobre todo en los centros que cualquier variación en los costos afecten sensiblemente los resultados, así como en el control de determinados consumos como electricidad, combustible, utilización de la fuerza de trabajo etc. el total de los gastos con un mínimo de creación de las condiciones para su logro, información que llevarán aquellas unidades que le sean factible y a su vez la utilicen en la dirección, para que sea útil y siempre que se pueda ofrecer a los interesados, a quien va dirigida a más tardar el día siguiente en horas tempranas.

El modelo anteriormente señalado se llevará en contabilidad de costos, aunque sólo bastaría entregar como información diaria a los que va dirigida las filas de la información del día y el acumulado.

7.0.   CONTABILIDAD DE COSTOS

Como complemento a lo expuesto, se requiere de una serie de informaciones para fijar en libros los resultados de los costos para que queden registradas al costo real las operaciones aunque se trabaje con algunos indicadores estimados.

Igualmente se expone los diferentes comprobantes de operaciones a emitir para la contabilización para la obtención costos correctos, así como el uso de los documentos tradicionales de la contabilidad como completamiento de lo más significativo que como mínimo se necesita para implantar el Sistema de Costos de la producción o servicio, como son los datos informativos, su contabilización y análisis.

7.1.   Materiales extraídos y no procesados.
7.2.   Inventario de producción terminada.
7.3.   Inventario de órdenes de trabajo en proceso.
7.4.   Contabilización de las operaciones de costo, comprobantes.
7.5.   Análisis de las variaciones de costo.

7.1.   MATERIALES EXTRAÍDOS Y NO PROCESADOS

Al final de cada mes se deberá hacer un inventario de las órdenes de trabajo que están en proceso, en especial las de los últimos días del mes que fue orientado su confección y extraídos los materiales del almacén que no se ha comenzado a trabajar con ellos.

Esta información servirá a los efectos de extraer del consumo de materiales en el período ese importe, así el costo por ese elemento de gasto no sea alto, lo que se hará a través de un comprobante de operación que será revertido en el próximo mes según se expone más adelante.

Servirá para ello una relación de los materiales o el número de los vales por el que fue extraído del almacén y que se confeccionará por el taller primario que comienza la fabricación del producto, fundamentalmente, aunque podrá hacerse por cualquier centro de costo, esta información podrá ser como por ejemplo:

Relación de materiales no usados
Mes de _____ de 199X

OT	Descripción del material	UM	Cant.	Precio	Impte	Cta

O de esta forma

OT	Vale No.	Fecha	Importe	Cta.

7.2.   INVENTARIO DE PRODUCCIÓN TERMINADA

Al finalizar cada mes se informará por el Jefe del Almacén de Producción Terminada, las existencias de los productos fabricados en el mes, que no han sido facturados de la producción que recibió.

Esta información servirá a los efectos de rectificar su costo estimado con que había sido contabilizada, por el costo real de las órdenes de trabajo que han sido terminadas en ese mes y cumplir con el Principio de Contabilidad de la valoración de los inventarios al costo real.

Servirá para ello una relación de las existencias, en un modelo que contenga los datos siguientes o escrito con esa información.

Relación de Producción Terminada en existencia.
Mes de _____ de 199X

		Unidades		Costo Unitario		Importe total
Tipo de Producción	UM	Reportadas	Existencias	Estimado	Real	a rectificar
X	X	X	X	X		

El almacén informa los datos de las columnas marcadas con "X".

Este modelo se volverá a enviar al almacén y al de control de existencias valoradas para su conciliación y rectificación del importe total por el importe que aparece en la última columna ya sea aumentándolo a la existente o disminuyéndola según sea el caso (Ver inciso 5.6) y valorar las existencias al costo real.

Ver comprobante de operaciones Incisos del 7.4.9, 7.4.10, 7.4.11, 7.4.11, 7.4.12 y 7.4.13.

7.3.   INVENTARIO DE ORDENES DE TRABAJO EN PROCESO

Al finalizar cada mes se informará por cada responsable de área o de Centro de Costo las Ordenes de Trabajo que se encuentran en proceso o en espera para comenzar su procesamiento en su área.

Esta información servirá a los efectos verificar las Ordenes de Trabajo que existen en contabilidad de costos como no terminadas y rectificar si los valores según libros se corresponden con las cantidades informadas y contabilizadas.

Servirá para ello una información como la que se detalla que será posteriormente calculados la parte procesada para su comparación con el saldo de los libros y fijar al costo real la producción en proceso para su rectificación o ajuste.

Informe de las Ordenes de Trabajo en Proceso.
Mes de _____ de 199X

OT	Detalle del proceso	Cantidad	Detalle de la Operación

Este modelo podrá hacerse trimestralmente para comprobar los costos con que aparece en los libros y valorar el inventario en proceso correctamente, pero si es conveniente que mensualmente se informe al menos los números de las órdenes de trabajo que está en proceso en cada centro de costo y las que aparecen en contabilidad de costos habilitados con ficha de costo real.

En los casos que existan órdenes de trabajo comenzadas o no, que se decida cancelar su producción o descontinuar su proceso, se informará a las partes sobre la decisión tomada a fin de efectuar las rectificaciones contable y de control físico que procedan para afectar los menos posible el costo, sobre todo de las órdenes que se encontraban en proceso, aplicándose lo que corresponda de éste sistema de costo, en especial devolución de los recursos materiales.

Ver comprobante de operación 7.4.15

7.4. CONTABILIZACIÓN DE LAS OPERACIONES DE COSTO, COMPROBANTES

A los efectos de una mejor compresión se explica las operaciones que se deben efectuar para contabilizar las informaciones de costos en base a los controles y datos recibidos de las áreas donde se especifica la orden de trabajo de cada producción o servicio, así como el análisis de los gastos por cada elemento en cumplimiento del Sistema General de Contabilidad.

Los comprobantes de operaciones que se relacionan a continuación serán hechos con el análisis suficiente que permita obtener los datos del costo por elemento de gastos dentro de cada orden de producción y el total por centro de costo con el mismo nivel de análisis.

Con el objeto de facilitar el conocimiento contable de la contabilidad de costos, a continuación aparecen los asientos de contabilidad tipos para un mes, cuyo ciclo se repite mensualmente, para que se tenga una visión práctica desde su contabilización inicial hasta la final, pudiendo existir otras operaciones relacionadas con la contabilidad de costos no sistemáticas como ajustes, rectificaciones u operaciones ocasionales o específica de la entidad.

Cuentas y subcuentas que se utilizarán para su análisis e interpretación de los resultados en el período. (Puede ser con otros códigos de cuentas o subcuentas, lo importante es el concepto a usar).

Las subcuentas que se utilizan es en interés de mantener un análisis de las incidencias por cada concepto de afectación.

Cuenta	Sub-Cuenta	Nombre de las cuentas
183		Inventario Producción Terminada
	0001	Precio Estimado
	0002 (1)	Diferencia Costo Real y Estimado
192		Inventario de Materiales
	0008	Residuos, recortería

	0009	Provisional
700		Producción en Proceso
	0001	Gastos de Producción
	0002	Gastos Indirectos Aplicados
	0003 (2)	Producción Terminada al Costo Estimado
	0004 (1)	Producción Terminada al Costo Real
	0005	Producción para Insumo
	0006	Ajustes al Inventario en Proceso
	0009	Traspaso
	0010	Saldo Inicial
731		Gastos Indirectos de Producción
	0001	Gastos Indirectos Real
	0002 (2)	Gastos Indirectos Aplicados
	0003 (2)	Gastos Indirectos Subaplicados
	0004	Gastos Indirectos Sobreaplicados
	0009	
810		Costos de Ventas
	0001	Costo Estimado
	0002 (1)	Diferencia Costo Real
	0003 (1)	Valoración inventario en proceso.
	0004 (1)	Diferencia Gastos Indirectos

(1) Estas subcuentas pueden ser deudoras o acreedoras.
(2) Estas subcuentas son acreedoras.

Comprobantes de Operación, Asientos tipo.

7.4.1. Consumo de Materiales.
7.4.2. Devoluciones de Materiales.
7.4.3. Materiales no consumidos extraídos para una orden de trabajo.
7.4.4. Desperdicios, recortería, residuos.
7.4.5. Nóminas.
7.4.6. Ajustes de Salarios Directos.
7.4.7. Gastos Indirectos Aplicados en defecto o en exceso.
7.4.8. Producción Terminada recepcionada por el almacén.
7.4.9. Producción Terminada al Costo Real inferior al estimado.
7.4.10. Producción Terminada al Costo Real superior al estimado.
7.4.11. Producción Terminada al Costo Real superior al estimado y factu rada no encontrándose en el Almacén.
7.4.12. Producción Terminada al Costo Real inferior y facturada no encontrándose en el almacén.
7.4.13. Producción Terminada al Costo Real y Estimado, existencias en almacén y facturadas contabilizadas por estimados, cuando se contabiliza por el resumen inciso 5.6.
(Resume los comprobantes 7.4.9   al   7.4.12)
7.4.14. Producción para insumos.
7.4.15. Sobre o Sub- Valoración en Proceso

7.4.1. CONSUMO DE MATERIALES

En contabilidad General se llevará un Registro de Consumo de Materiales donde se anotarán los gastos en Directos e Indirectos, correspondiendo a gastos directos que tienen señalada la orden de trabajo a la cual se anotará individualmente por vale, pero la suma de todos éstos vales en el registro y se contabiliza como se detalla.

Cuenta	Descripción de las Cuentas y Subcuentas	Parcial	Debe	Haber
700	PRODUCCION EN PROCESO		$ 3,000.00	
	100 - Gastos de Producción	$ 3,000.00		
	10 - Centro de Costo	$ 1,000.00		
	120 - Elemento de Costo	$ 1,000.00		
	50 - Orden de Trabajo	$ 1,000.00		
	20 - Centro de Costo	$ 2,000.00		
	140 - Elemento de Costo	$ 2,000.00		
	50 - Orden de Trabajo	$ 800.00		
	50 - Orden de Trabajo	$ 1,200.00		
192	INVENTARIO DE MATERIALES			$ 3,000.00
	02 - Almacén	$ 3,000.00		
	05 - Subcuenta	$ 2,800.00		
	06 - Subcuenta	$ 200.00		
	Contabilizando el Registro de Vales del mes No. 90 que contiene los vales 789 al 910 ambos inclusive del almacén No. 2.			

7.4.2.   DEVOLUCIONES DE MATERIALES

Metodología Sistemas de Costo

Cuenta	Descripción de las Cuentas y Subcuentas	Parcial	Debe	Haber
192	INVENTARIO DE MATERIALES		$ 100.00	
	02 - Almacén	$ 100.00		
	06 - Subcuenta	$ 100.00		
700	PRODUCCION EN PROCESO			$ 100.00
	100 - Gastos de Producción	$ 100.00		
	10 - Centro de Costo	$ 100.00		
	140 - Elemento de Costo	$ 100.00		
	50 - Orden de Trabajo	25.00		
	60 - Orden de Trabajo	$ 75.00		
	Contabilizando los vales de devolución al almacén del mes número 12 y 13			

7.4.3. MATERIALES NO CONSUMIDOS EXTRAÍDOS PARA UNA ORDEN DE TRABAJO

Cuenta	Descripción de las Cuentas y Subcuentas	Parcial	Debe	Haber
192	INVENTARIO DE MATERIALES		$ 500.00	
	02 - Almacén	$ 500.00		
	900 - Subcuenta Proviasional	$ 500.00		
700	PRODUCCION EN PROCESO			$ 500.00
	100 - Gastos de Producción	$ 500.00		
	10 - Centro de Costo	$ 500.00		
	120 - Elemento de Costo	$ 500.00		
	50 - Orden de Trabajo	$ 300.00		
	70 - Orden de Trabajo	150.00		
	80 - Orden de Trabajo	50.00		
	Contabilizando los Informes de las áreas de las Ordenes de Trabajo que se extrajo los materiales del almacén y no se ha comenzado a trabajar con ellos.			

Este comprobante se hace al final del mes o período contable y al comenzar el próximo mes se hace por el Inversos o sea, se debita a la cuenta de gastos de producción en proceso y acredita a la cuenta de Inventario de materiales (710 a 192)

7.4.4. DESPERDICIOS

Cuenta	Descripción de las Cuentas y Subcuentas	Parcial	Debe	Haber
192	INVENTARIO DE MATERIALES		$ 20.00	
	02 - Almacén	$ 20.00		
	800 - Subcuenta Proviasional	$ 20.00		
700	PRODUCCION EN PROCESO			$ 20.00
	100 - Gastos de Producción	$ 20.00		
	10 - Centro de Costo	$ 20.00		
	120 - Elemento de Costo	$ 20.00		
	50 - Orden de Trabajo	$ 20.00		
	Contabilizando los Residuos, reportados por las áreas según se relaciona por los vales devolución No. 14 al 16.			

7.4.5. CONTABILIZACIÓN NÓMINAS DEL MES

Cuenta	Descripción de las Cuentas y Subcuentas	Parcial	Debe	Haber
731	CUENTA DE GASTO INDIRECTO		$ 597.81	
	100 - Gasto Indirecto Real	$ 597.81		
	80 - Centro de Costo	$ 597.81		
	501 - Salarios	$ 327.27		
	506 - Otros	109.09		
	610 - Seguridad Social	52.36		
	620 - Impuesto sobre Salarios	$ 109.09		
700	PRODUCCION EN PROCESO		1,035.72	
	100 - Gastos de Producción	$ 1,035.72		
	10 - Centro de Costo	$ 1,035.72		
	501 - Salarios	$ 504.00		
	506 - Otros	252.00		
	610 - Seguridad Social	90.72		
	620 - Impuesto sobre Salarios	189.00		
455	NOMINA POR PAGAR			$ 1,003.00
460	RETENCIONES POR PAGAR			99.00
	XX - Reforma Urbana	$ 99.00		
492	PROVISION PARA VACACIONES			99.36
440	OBLIGACIONES CON PRESUPUESTO ESTADO			441.17
	XX - Seguridad Social	143.08		
	XX - Impuesto sobre los Salarios	$ 311.18		
	Resumen de las nóminas del mes según hojas de trabajo que se adjuntan de las Nóminas 367 a la 381.			
			$ 1,633.53	$ 1,633.53

Este es el salario contabilizado que quincenalmente o mensualmente se conciliará con lo que se ha venido procesando por los reportes de las áreas analizadas por órdenes de trabajo como salario directo de la Cuenta 710 Productos en Proceso Elementos de Gastos de Salarios.

7.4.6. AJUSTE A LOS SALARIOS DIRECTOS

Se confeccionará este comprobante cuando al comparar el salario que tienen las órdenes de trabajo es diferente a lo contabilizado por nómina y dado que su diferencia, no sea factible determinaría pudiendo ser en exceso, defecto, o por aquellas diferencias no cargadas o llevadas a las órdenes de trabajo producto de un salario pagado al personal directo de producción según nóminas y contabilizados como costos directos, o un salario no pagado y sí informado a contabilidad de costos u otras causas.

Cuando el resumen de las órdenes de trabajo tenga más salarios que lo contabilizado, se hará este comprobante por la diferencia.

Cuenta	Descripción de las Cuentas y Subcuentas	Parcial	Debe	Haber
700	PRODUCCION EN PROCESO		10.20	
	100 - Gastos de Producción	$ 10.20		
	10 - Centro de Costo	$ 10.20		
	501 - Salarios	$ 7.45		
	610 - Seguridad Social	0.89		
	620 - Impuesto sobre Salarios	1.86		
731	GASTOS INDIRECTOS DE PRODUCCION			10.20
	100 - Gastos de Producción	$ 10.20		
	10 - Centro de Costo	$ 10.20		
	501 - Salarios	$ 7.45		
	610 - Seguridad Social	0.89		
	620 - Impuesto sobre Salarios	1.86		
	Diferencia del salario llevado a las OT y no conciliado con el comprobante de nóminas Salario S/ OT Directo $ 13,420.10 Según Comprobante 13,409.90 Diferencia $ 10.20			

Cuando el resumen de las Ordenes de Trabajo tenga menos salario que lo contabilizado, se hará un comprobante parecido al anterior, pero utilizando la cuenta de Gastos Indirectos como deudora y la cuenta Gastos en Proceso como acreedora o sea inverso al Inciso 7.4.6 (735 a 700)

7.4.7. GASTOS INDIRECTOS APLICADOS EN DEFECTO Y EN EXCESO

Cuando se aplica un Índice como Gastos Indirectos al terminar una orden de trabajo por lo regular lo llevado a las órdenes de trabajo, fichas de costos, no coinciden al final del mes con lo contabilizado como Gastos Indirectos reales, resultando diferencia entre lo calculado por el índice lo cargado a las fichas de costo y los gastos reales.

Esta diferencia puede ser en exceso o defecto debiendo hacerse un comprobante para conciliar ambas cifras, la llevada a las órdenes de trabajo por el índice y lo que aparece contabilizado como costos indirectos en Contabilidad General, afectando el costo de ventas según sea deudora o acreedora.

Cuando se contabiliza los Gastos Indirectos por un índice predeterminado, se emitirá el siguiente comprobante.

Cuenta	Descripción de las Cuentas y Subcuentas	Parcial	Debe	Haber
700	PRODUCCION EN PROCESO		$ 40,625.00	
	200 - Gastos Indirectos Aplicados	$ 40,625.00		
	XX - Orden de Trabajo No. 115	$ 40,625.00		
731	GASTOS INDIRECTOS DE PRODUCCION			$ 40,625.00
	200 - Gastos Indirectos Aplicados	$ 40,625.00		

Registrando los gastos indirectos del mes, según el salario directo cargados a las órdenes de trabajo por índice aplicado de $ 1.25 de salario directo.

Cuando lo llevado a las órdenes de trabajo es inferior y los gatos indirectos fueron superiores aplicación en defecto.

$ 32.500.00 Salario Directo por Índice Fijo de $ 1.25 (aplicados)	$ 10,625.00
(-) Gastos Indirectos reales	41.270.00
Diferencia	$ 645.00

Se debe hacer el siguiente comprobante.

Cuenta	Detalle	Parcial	Debe	Haber
810	COSTOS DE VENTAS		$ 645.00	
	200 - Diferencia Costo Real	$ 645.00		
731	GASTOS INDIRECTOS DE PRODUCCION			$ 645.00
	300 - Gastos Indirectos Aplicados	$ 645.00		
	Contabilizando la diferencia entre los gastos indirectos aplicados a la OT y los gastos reales.			

Cuando la aplicación sea superior por $ 40,625.00 los gastos indirectos reales sean menores, por $ 40,580.00 (40,625 - 40,580 = 45.00) con una aplicación en exceso de 45.00 llevadas a la OT, como diferencia de los gastos aplicados y el gasto real.
Se debe hacer el siguiente comprobante.

Cuenta	Detalle	Parcial	Debe	Haber
731	GASTOS INDIRECTOS DE PRODUCCION		$ 45.00	
	400 - Gastos sobre Aplicados	$ 45.00		
810	COSTOS DE VENTAS			$ 45.00
	400 - Diferencias Gastos Indirectos	$ 45.00		
	Contabilizando la diferencia entre los Gastos Indirectos aplicados a las Ordenes de Trabajo y los Gastos Reales.			

7.4.9. PRODUCCIÓN TERMINADA CUANDO EL COSTO REAL ES INFERIOR AL ESTIMADO

Cuenta	Descripción de las Cuentas y Subcuentas	Parcial	Debe	Haber
700	PRODUCCION EN PROCESO		$ 3,000.00	
	400 - Costo Real	$ 3,000.00		
197	INVENTARIO PRODUCCION TERMINADA			$ 3,000.00
	200 - Diferencia del costo real estimado	$ 3,000.00		
	Resumen del Costo Real de la Producción Terminada y el Costo Estimado de lo que quedó en existencias según análisis (Ver anexo 5.6)			

7.4.10. PRODUCCIÓN TERMINADA CUANDO EL COSTO REAL ES SUPERIOR AL ESTIMADO

Cuenta	Descripción de las Cuentas y Subcuentas	Parcial	Debe	Haber
197	INVENTARIO PRODUCCION TERMINADA		$ 1,400.00	
	200 - Diferencia del costo real y estimado	$ 1,400.00		
700	PRODUCCION EN PROCESO			$ 1,400.00
	400 - Producción Terminada Costo Real	$ 1,400.00		
	Contabilizando la Producción Terminada al Costo Real según análisis Anexo 5.6.			

7.4.11. PARA CONSIDERAR LA PRODUCCIÓN TERMINADA AL COSTO REAL, CUANDO ÉSTE ES SUPERIOR Y YA FUE ENTREGADA, FACTURADA, NO ENCONTRÁNDOSE EN EL ALMACÉN

Cuenta	Descripción de las Cuentas y Subcuentas	Parcial	Debe	Haber
810	COSTO DE VENTAS		$ 100.00	
	200 - Diferencia Costo Real	$ 100.00		
197	INVENTARIO PRODUCCION TERMINADA			$ 100.00
	200 - Diferencia del costo real y estimado	$ 100.00		
	Producción Terminada en el mes que su Costo Real fue superior al Estimado que fue entregado.			

7.4.12. CUANDO LA PRODUCCIÓN TERMINADA AL COSTO REAL ES INFERIOR AL ESTIMADO Y YA FUE FACTURADO, ENTREGADO, Y NO SE ENCUENTRA EN EL ALMACÉN

Cuenta	Descripción de las Cuentas y Subcuentas	Parcial	Debe	Haber
197	INVENTARIO PRODUCCION TERMINADA		$ 2,800.00	
	200 - Diferencia del costo real y estimado	$ 2,800.00		
810	COSTO DE VENTAS			$ 2,800.00
	200 - Diferencia Costo Real	$ 2,800.00		
	Producción Terminada en el mes que su Costo Real fue inferior al Estimado que han sido facturadas, (Ver inciso 5.6)			

7.4.13. PRODUCCIÓN TERMINADA REAL, CUANTO SE OBTIENE POR RESUMEN LA COMPARACIÓN DEL COSTO REAL Y ESTIMADO, LAS EXISTENCIAS EN ALMACÉN LAS FACTURADAS, SEGÚN ANEXO 5.6 SE HACE EL ASIENTO POR EL RESUMEN TOTAL, AUNQUE SE APLIQUE EL COSTO POR CADA ORDEN DE LOS PRODUCTOS QUE ESTÁN EN EL ALMACÉN Y SUS COSTOS PRECIOS SEAN MAYORES O MENORES A LOS ESTIMADOS

Cuenta	Descripción de las Cuentas y Subcuentas	Parcial	Debe	Haber
197	INVENTARIO PRODUCCION TERMINADA		$ 1,100.00	
	200 - Diferencia del costo real y estimado	$ 1,100.00		
700	PRODUCCION EN PROCESO		$ 1,600.00	
	200 - Diferencia del costo real y estimado	$ 1,600.00		
810	COSTO DE VENTAS			$ 2,700.00
	200 - Diferencia Costo Real	$ 2,700.00		
	Resumen de la producción Terminada contabilizada al Costo Estimado y el Real según análisis resumen del anexo 5.6 . (modelo)			

Este comprobante es como un resumen de los explicados en los incisos 7.4.9 - 7.4.10 - 7.4.11 - 7.4.12, todos estos asientos o comprobantes ha sido tomados del anexo 5.6 donde aparecen el ejemplo y los cálculos.

7.4.14. PRODUCCIÓN PARA INSUMO

Cuando existan producciones de productos que estando terminados van a ser usados como insumos por la propia entidad, como producciones de piezas de repuesto, productos semielaborados, usados en otras producciones deberá controlarlos dentro del inventario en proceso a través de una subcuenta o cuenta del propio grupo y al precio de costo, contabilizándose según se detalla.

A - Al terminarse el producto de insumo.

Cuenta	Descripción de las Cuentas y Subcuentas	Parcial	Debe	Haber
700	PRODUCCION EN PROCESO		$ 300.00	
	05 - Almacén	$ 300.00		
	500 - Producción para Insumos	$ 300.00		
700	PRODUCCION EN PROCESO			$ 300.00
	900 - Transferencias	$ 300.00		
	Fabricación de Piezas para Insumo según aparecen en el anexo, que pasan a inventario.			

B - Cuando se emplea en el proceso productivo, producciones para insumo.

Cuenta	Descripción de las Cuentas y Subcuentas	Parcial	Debe	Haber
700	PRODUCCION EN PROCESO		$ 300.00	
	900 - Transferencias	$ 300.00		
700	PRODUCCION EN PROCESO			$ 300.00
	05 - Almacén	$ 300.00		
	500 - Inventario para Insumos	$ 300.00		
	Vales de consumo de piezas producidas para insumo según registro			

Si algunos de estos productos van a ser comercializados, es decir van a ser vendidos, se volverán a llevar al inventario en proceso siguiendo el curso normal de declararlos como producción terminada.

Todos estos productos producidos para insumo en el propio centro deben controlarse en tarjetas por productos, como una existencia más de materiales en almacén, pero dentro de la cuenta del inventario en proceso.

7.4.15. SOBRE O SUBVALORACIÓN DEL INVENTARIO EN PROCESO

Cuando se realice el inventario de productos en proceso pueden considerarse que al valorar los productos en el proceso que se den tres resultados.

1. **Que sea igual a los valores en libros, no existiendo diferencias que rectificar.**
2. **Que tengan un valor inferior, al saldo según libros, por ser mayor el valor del físico debiendo hacerse el siguiente comprobante.**

Cuenta	Descripción de las Cuentas y Subcuentas	Parcial	Debe	Haber
810	COSTOS DE VENTAS		$ 75.00	
	300 - Valoración inventario en proceso	$ 75.00		
700	PRODUCCION EN PROCESO			$ 75.00
	600 - Ajuste Inventario en Proceso	$ 75.00		
	Para fijar en los libros el Inventario en Proceso por su valor correcto como resultado del cálculo físico realizado según se detalla en el anexo.			

3. Que tengan un valor superior el físico del proceso al saldo de los libros, debiendo hacerse el siguiente comprobante:

Cuenta	Descripción de las Cuentas y Subcuentas	Parcial	Debe	Haber
700	PRODUCCION EN PROCESO		$ 600.00	
	600 - Ajuste Inventario en Proceso	$ 600.00		
810	COSTOS DE VENTAS			$ 600.00
	300 - Valoración inventario en proceso	$ 600.00		
	Para fijar en libros el valor correcto según el chequeo físico realizado que reflejó un valor superior según anexo.			

Los análisis de los resultados de los costos, deben suministrar una información útil y lo más exacto posible que sirvan de guía a los diferentes niveles de dirección, que conduzcan a la acción y tomar las decisiones que procedan en cada caso.

Conociendo cuanto se debe invertir en materiales, salarios y cada concepto de gastos por los costos normados y su comparación con los gatos reales resulta fácil determinar la variación y el análisis para localizar las causas de la Incidencia.

El responsable del análisis, calcula el valor por cada una de las causas entre la ejecución real y costo estimado y detecta el hecho fundamental de la variación del costo y propone los cambios y rectificaciones basado en los resultados.

El objetivo del Sistema de Costo es obtener un mejor análisis de la eficiencia en la producción, está basado en la elaboración de normas de costos por productos que al compararse con los costos reales se determina lo gastado de más por cada elemento de gasto o lo ahorrado requiriendo de una acción correctiva de las desviaciones significativas con el costo estimado o exigencia de responsabilidad según sea el caso.

La finalidad del análisis es obtener un control sobre los costos que se logra cuando se detecta y rectifica los errores y desviaciones, corrigiendo los métodos en los medios físicos empleados como los equipos, materiales y fuerza de trabajo regulando las operaciones internas a través de la comparación de los resultados.

El control es una cuestión de acción administrativa, y para que sea eficaz, la dirección debe actuar basándose en la información obtenida en el proceso de análisis y medir el comportamiento de la actividad empresarial a través de los costos como reflejo fiel y oportuno de los gastos reales en correspondencia con las estimaciones.

8.0. INFORME DE LOS RESULTADOS DE COSTOS.

La presentación del Informe requiere del conocimiento de los niveles a que va dirigido, ya sea de rutina o especiales para la selección del contenido, en cuanto a los resultados totales, parciales, producciones principales o significativas o por excepción.

El diseño de un Sistema de Registros de Costos depende en gran parte de los resultados y de la información que se quiere proporcionar y al nivel de dirección a que va dirigido y a los trabajadores que tienen que trabajar con él, para la interpretación de los resultados.

Las informaciones sobre las variaciones de los resultados de los costos deben ser evaluadas periódicamente para eliminar el trabajo innecesario e informes inútiles.

Los modelos de este sistema contienen una información completa que sirve de utilidad a todos los niveles, por lo que su selección es importante para su presentación adecuada, conteniendo datos analíticos, como globales, para un uso oportuno y necesario de información, tanto parciales como totales o selectiva por excepción; la de interés para la Dirección.

Esperamos que le sea factible su aplicación práctica.

MSc, Lic. Alexis Boente Corcho.

Elaborado para: Subdirección de Economía ENPFF. Cuba

ANEXO

<u>PUNTO DE EQUILIBRIO O UMBRAL DE LA RENTABILIDAD.</u>

El concepto de punto de equilibrio, también conocido como punto muerto, punto crítico o umbral de la rentabilidad es muy popular en el campo de la economía empresarial. Este concepto se asocia generalmente al **nivel de actividad mínimo necesario para no perder dinero,** es decir, para que los ingresos cubran los costos. La definición del punto de equilibrio ha sido muy repetida en casi toda la literatura económico-financiera, pero a veces de forma un tanto esquemática y simplificada.

Un requisito imprescindible para la determinación del punto de equilibrio de una empresa, en cualquiera de sus variantes, es **tener bien diferenciados los costos fijos de los costos variables.**

Por **costos fijos** entendemos aquellos que no varían proporcionalmente al nivel de actividad de la empresa, los que **son relativamente independientes de dicho nivel de actividad,** como por ejemplo, la depreciación, los gastos de administración, los gastos generales de la empresa, etc.

Los **costos variables** entendemos aquellos que **varían proporcionalmente al nivel de actividad de la empresa**, porque tienden a ser relativamente constantes para cada unidad producida y, en consecuencia, mientras más se produzca más crecen y viceversa. Ejemplos de costos variables son el consumo de materias primas y materiales directos y el salario de los trabajadores directamente vinculados a la producción (si el sistema de pago es por rendimiento).

El punto de equilibrio presupone la igualdad de ingresos y costos. Así, analizando el caso más simple, cuando la empresa sólo produce un único producto y definiendo:

       I - Ingresos totales
       P-Precio de venta del producto
       Q- Cantidad de unidades vendidas del producto
       C- Costos totales
       F- Costos fijos
       V- Costos variables totales
       v- Costos variables unitarios

Tendremos que el punto de equilibrio se formula de acuerdo con la expresión:

$$I = C$$

De donde:

$$p * Q = F + V$$
$$p * Q = F + v * Q$$
$$p * Q - v * Q = F$$
$$Q (p-v) = F$$

$$Q = \frac{F}{(p - v)} \qquad \textbf{(Expresión A)}$$

O sea, **que el nivel de producción que es necesario vender para cubrir los costos será mayor en la medida en que mayores sean los gastos fijos que**

es necesario cubrir y menor en la medida en que mayor sea el denominador (p - v).

Esta expresión **(p - v) refleja el margen unitario (por unidad física vendida),** es decir, la parte del precio que no es consumida por los costos variables unitarios y que por lo tanto, queda para cubrir los costos fijos. **Una vez rebasado el punto de equilibrio los costos fijos ya estarán cubiertos completamente, por lo que el margen completo se convierte en beneficios.**

A partir de esta expresión podemos extender el concepto de punto de equilibrio a diferentes variantes, pues todo lo que pongamos en el numerador de la expresión junto a los gastos fijos **F** (podemos incluir los gastos financieros, la utilidad necesaria para cubrir determinados aportes o rendimientos deseados, el costo del capital, etc.) al incrementar el numerador elevará el valor del punto de equilibrio Q y deberá ser cubierto con el margen (p - v).

Ahora bien, como ya habrá pensado el Lector, son muy pocas las empresas donde es aplicable la expresión anterior, fundamentalmente por dos razones:

- En la inmensa mayoría de las empresas el surtido de producción o servicios que se comercializa es muy variado y difícilmente puede ser expresado en una magnitud física única.
- En la realidad, ni la función de ingresos ni la función de costos de las empresas son funciones lineales en la mayoría de los casos. Muchas veces la función de ingresos se describe matemáticamente por un polinomio de segundo grado y la de costos por uno de tercer grado. De ellas, cualesquiera sean, habría que despejar el valor de Q que las iguala. Invito al Lector, que como hemos visto tenía mucha razón en sus preocupaciones con respecto a la expresión (A), a que trate de determinar las funciones matemáticas que realmente expresan los ingresos y costos de su empresa, ya sea por vía estadística (aprovechando el Análisis de Regresión) o por vía analítica; no le quepa duda de que será un esfuerzo muy provechoso para su conocimiento de la realidad concreta de su empresa y para la salud económica y financiera de ella.

Debido al problema de la diversidad de productos y servicios, en la mayoría de las empresas es necesario formular el punto de equilibrio en valor, no en unidades físicas. Veamos como se logra.

Para hacerlo se requiere determinar primero el cociente entre los Costos Variables total (V) y los Ingresos (I). Al que denominaremos (k), el cual es muy fácil de calcular si antes hemos separado adecuadamente los costos de la empresa en fijos y variables[1]. Esta relación será tan constante como lo sean la oferta de productos y servicios de la empresa[2] y sus respectivos costos y precios, por lo tanto habrá que actualizarla con frecuencia, cada vez que ocurran cambios importantes en esos factores.

Así:

$$I = C$$

De donde:

$$I = F + V$$

---

[1] En muy pocas empresas piden que se separen los costos en fijos y variables.
[2] Aunque el término "punto de equilibrio" lo utilizamos en este contexto como objeto de estudio de la empresa, se puede aplicar también a cualquiera de las divisiones o unidades de la empresa.

Metodología Sistemas de Costo

$$I = F + k * 1$$

$$I - k * 1 = F$$

$$I(1-k) = F$$

$$I = \frac{F}{(1-k)} \qquad \textbf{Expresión (B)}$$

El significado económico de la expresión (B) es muy similar al ya analizado en la (A) sólo que ahora expresamos el punto de equilibrio en términos de ingreso necesario (en valores) y coherentemente, la expresión (1 - k) refleja el margen de unidad monetaria.

De igual manera, todo lo que incluyamos en el numerador elevará el ingreso necesario para alcanzar el equilibrio y todo lo que haga crecer el margen (disminución de los costos variables por unidad monetaria de ingreso, incremento de los precios manteniéndose constantes los costos variables, incremento de los precios por encima del incremento de los costos variables) reducirá el nivel de ingreso necesario para cubrir todo lo que pongamos en el numerador.

En el título de este epígrafe, como se habrá observado, se habla de diferentes variantes del punto de equilibrio. Efectivamente, no existe un solo punto de equilibrio sino varios, en dependencia del enfoque con que asumamos la palabra ·"costos", es decir, según lo que estemos incluyendo bajo esta denominación. Entre las variantes más importantes del punto de equilibrio se encuentran:

a) Punto de Equilibrio en Operaciones
b) Punto de Equilibrio Contable
c) Punto de Equilibrio Financiero
d) Punto de Equilibrio General
e) Umbral de la Creación de Riqueza
f) Punto de Equilibrio de la Inversión

Aunque hemos mencionado muchas variantes diferentes, la esencia del punto de equilibrio no cambia mucho de una a otra, sólo quizás es un tanto diferente en el último caso. Expliquemos brevemente el significado de cada una de ellas:

I - Punto de Equilibrio en Operaciones

Refleja el nivel de actividad necesario para cubrir con los ingresos, todos los costos fijos y los costos variables necesarios para obtener dicho nivel de ingresos. Esta es la variante más popular del punto de equilibrio, aunque es quizás la menos útil. Es el que puede calcularse mediante las **expresiones (A) o (B).**

II - Punto de Equilibrio Contable

Refleja el nivel de ingresos necesarios para cubrir los costos fijos de operación (incluyendo la depreciación) y los Gastos Financieros, pero sin considerar el Impuesto sobre Utilidades ni el Costo de Oportunidad del Capital.

El cálculo de este punto de equilibrio, partiendo de la **expresión (B),** puede realizarse de la última forma:

$$I = \frac{F + Int.}{(1 - k)} \qquad \textbf{Expresión (C)}$$

III - Punto de Equilibrio Financiero

Refleja el nivel de ingresos necesario para cubrir los costos fijos de operación (sin incluir la depreciación), los Gastos Financieros, el Impuesto sobre Utilidades y el Costo de Oportunidad del Capital.

Como ya ha sido visto, para muchas empresas la depreciación no representa una salida de efectivo actual (ya lo fue cuando se hizo la inversión que ahora se deprecia), por lo que en ese caso no es necesario cubrirla ahora, todo lo contrario, ella misma se convierte en una fuente de financiamiento.

En estas condiciones, la estimación del punto de equilibrio puede realizarse a partir de la siguiente expresión:

$$(I - F - k*I - INT)(1 - t) + D = COk * PAT \qquad \textbf{Expresión (D)}$$

donde:

I : Ingreso mínimo necesario

F: Costos fijos de operación, incluyendo la Depreciación

k: Coeficiente de costos variables por peso de ingreso

INT: Intereses (para aquellas empresas que además de los intereses adicionan o deducen otros ingresos o gastos después de la Utilidad en Operaciones para llegar a la Utilidad Imponible, INT reflejará el saldo neto de todos esos ingresos y gastos adicionales.

t: tasa de impuesto sobre utilidades

D: Depreciación anual

Cok: Costo de oportunidad del capital del propietario de la empresa

PAT: Patrimonio o Capital del propietario de la empresa.

El significado de esta expresión es el siguiente:

Debemos determinar el nivel de ingresos para que la suma de la Utilidad Neta más la Depreciación (el flujo total de fondos generado por la empresa después de cubrir sus costos fijos y variables, los intereses y el impuesto sobre utilidades) iguale al Costo de Oportunidad del Capital del Propietario.

Al restar de los ingresos los costos fijos de operación (que incluyen la depreciación), los costos variables totales de la empresa y los intereses, obtenemos la Utilidad Imponible. Al multiplicar la Utilidad Imponible por la expresión (1 - t), estamos deduciendo el impuesto sobre utilidades y obteniendo la Utilidad Neta. Pero como la Depreciación no representa una salida de efectivo, sino fondos que se quedan en la empresa, debemos sumarla nuevamente para determinar el total de fondos generados por ella.

Se parte de la fórmula para calcular la prima de riesgo: $Pr = \text{ßa} * (Rm - Rf)$, donde

ßa es el coeficiente correspondiente al activo financiero en cuestión, que mide el riesgo de dicho activo; Rm: el rendimiento medio de la muestra representativa de activos financieros que caracterizan el comportamiento del mercado; y, Rf es el rendimiento libre de riesgo, o, rendimiento esperado de los activos financieros de más bajo riesgo existente en el mercado.

Con esta expresión puede despejarse el nivel de ingresos (I) correspondiente al Punto de Equilibrio Financiero, que quedará como sigue:

$$I = \frac{F(1-t) + INT(1-t) + COk * PAT - D}{(1-t)(1-k)} \qquad \textbf{Expresión (E)}$$

Esta expresión se deriva de la **Expresión D**, lo cual puede comprobarse.

IV - Punto de Equilibrio General

Refleja el nivel de ingresos necesarios para cubrir los costos fijos de operación (incluyendo la depreciación), los Gastos Financieros y el Impuesto sobre Utilidades y el Costo de Oportunidad del Capital. Siguiendo la lógica expuesta para la determinación del Punto de Equilibrio Financiero, el Punto de Equilibrio General de una empresa puede calcularse mediante la expresión:

$$I = \frac{F(1-t) + INT(1-t) + COk*PAT}{(1-t)(1-k)} \qquad \textbf{Expresión (F)}$$

Como puede observarse, la única diferencia entre las **expresiones (E) y (F)** está en la depreciación, que en el caso del Punto de Equilibrio Financiero es considerada como una fuente de financiamiento, mientras que para la determinación del Punto de Equilibrio General es considerada como un gasto, igual que otro cualquiera de los incluidos en los costos fijos.

V - Umbral de la Creación de Riqueza (EVA=0)

La creación de riqueza por parte de una empresa para los inversores, medida en términos estrictamente económicos, comienza a partir de que **la suma de la Utilidad Neta creada por ella en sus operaciones (la suma de la Utilidad Neta y los intereses, es decir, los recursos generados por ella para los inversores) iguale el costo del dinero que ella utiliza.** A este punto de equilibrio puede llegarse mediante la **expresión (G):**

$$I = \frac{F(1-t) + INT(1-2t) + COk * PAT}{(1-t)(1-k)}$$ **Expresión (G)**

El desarrollo del cálculo del EVA se presentará aparte. EVA significa Economic Value Added (Valor Económico Añadido). Este indicado fue propuesto en 1993 por la firma consultora de New York, Stern & Stewart para cuantificar la magnitud de la riqueza creada por una empresa. En ese indicador se base el Umbral de la Creación de Riqueza.

VI - Punto de Equilibrio de la Inversión

El punto de equilibrio a partir del cual comienza la rentabilidad de una inversión es aquel nivel de ingresos que garantiza que el valor actual de los flujos de caja futuros del proyecto iguale el costo de la inversión, es decir, aquel nivel de ingresos para el cual el Valor Actual Neto de la Inversión es igual a cero. Entender a fondo el alcance de este punto de equilibrio requiere profundizar un poco en la Matemática Financiera.

La técnica de la Tormenta de Ideas es una técnica muy útil y empleada en el mundo de la toma de decisiones, y en el ámbito empresarial. Aunque esta técnica puede ser empleada en cualquier ámbito de la vida, la familia, el hogar, las relaciones interpersonales, etc.

La técnica en sí, no nos dice nada, pero es el basamento informativo que nutre a la Matriz FODA tan utilizada en los procesos investigativos.

La Matriz FODA se construye a partir de la información brindada por la técnica de la Tormenta de Ideas y en cuestión de 5 a 10 minutos podemos hacer y tener un diagnóstico de una situación dada, siempre y cuando contemos con el personal adecuado y seleccionado para aplicar la técnica.

La Matriz FODA Consta de 4 celdas (2 líneas y 2 columnas) donde se ubican los elementos que le dan nombre, de la siguiente forma:

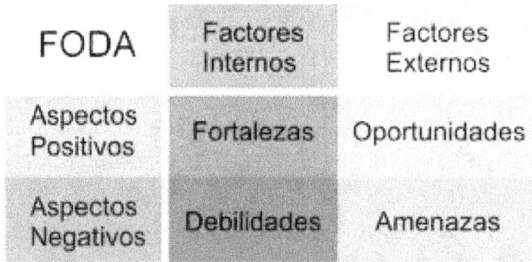

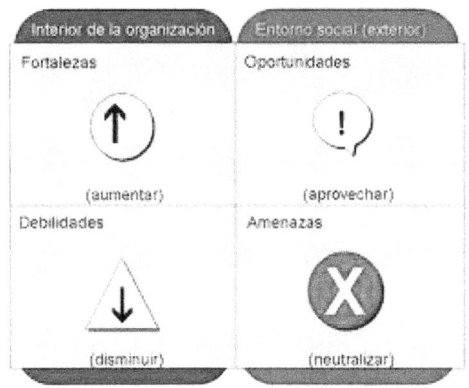

Vista en forma columnar:

La primera columna representa los elementos Internos (Fortalezas y Debilidades)

La segunda columna representa los elementos externos (Oportunidades y Amenazas)

Vista en Forma de Líneas:

La primera fila representa los elementos Positivos (Fortalezas y Oportunidades)

La segunda fila los elementos negativos (Debilidades y Amenazas)

Para llenar la Matriz con Información aplicamos la Tormenta de Ideas a nuestros Interlocutores previamente seleccionados y que tengan dominio y conocimiento sobre el objeto de estudio.

Para ello en un pizarrón lo dividimos en 2 Columnas (Elementos Positivos y Elementos Negativos)

A través de preguntas enfocadas a revelar de forma rápida, vamos llenando cada una de las columnas con los elementos positivos y negativos según correspondan y de acuerdo a la visión y criterios de los participantes.

Ejemplo: Referido a la producción de una empresa.

Positivos:	Negativos:
Buena calidad	Altos costos
Buena demanda	Competencia
Buena capacidad productiva	Falta de materias primas
Fuerza trabajo calificada	Precios altos
Tecnologías de punta	Moda

Una vez que se tiene una relación de elementos positivos y negativos, entonces pasamos a clasificarlos de acuerdo a la Matriz FODA (Los positivos en Fortalezas y Oportunidades y los Negativos en Debilidades y Amenazas)

Metodología Sistemas de Costo

Quedando de este modo:

> **Positivos:**
>
> Buena calidad (F)
>
> Buena demanda (O)
>
> Buena capacidad productiva (F)
>
> Fuerza trabajo calificada (F)
>
> Tecnologías de punta (F)
>
> **Negativos:**
>
> Altos costos (D)
>
> Competencia (A)
>
> Falta de materias primas (A)
>
> Precios altos (D)
>
> Moda (A)

A la hora de clasificar hay que tener presente si son elementos que dependen de causas Internas o externas.

Una vez clasificada la Información, podemos confeccionar la Matriz FODA, vaciando cada elemento en su celda correspondiente. La Matriz FODA no es más que una fotografía de nuestro Objeto de análisis o estudio, que nos muestra claramente, los aspectos sobre los que podemos tener incidencia directa (Internos) y aquellos que aunque son externos y no podemos actuar directamente sobre ellos, al menos son de nuestro conocimiento y las causas e incidencias que pueden tener sobre el Objeto dado.

FORTALEZAS	OPORTUNIDADES
Buena calidad (F) Buena capacidad productiva (F) Fuerza trabajo calificada (F) Tecnologías de punta (F)	Buena demanda (O)
DEBILIDDES	AMENAZAS
Altos costos (D) Precios altos (D)	Competencia (A) Falta de materias primas (A) Moda (A)

Por lo que saber utilizar estas técnicas de dirección constituyen una poderosa herramienta en manos de los directivos y de cualquier persona que quiera tener un juicio y conocimiento claro de los problemas que están afectando su Objeto de Estudio, pues como dije al principio puede ser aplicada en cualquier ámbito de la vida económico o social, desde el hogar hasta la empresa.